Cyfathrebu

PRIFYSGOL
ABERYSTWYTH

Nona Breese

Cyhoeddwyd dan nawdd Cynllun Adnoddau Addysgu a Dysgu CBAC

491.6686

Cyhoeddwyd gan Y Ganolfan Astudiaethau Addysg, Aberystwyth (www.caa.aber.ac.uk).

Noddwyd gan Lywodraeth Cynulliad Cymru.
Cyhoeddwyd dan nawdd Cynllun Adnoddau Addysgu a Dysgu CBAC.

ISBN 978-1-84521-370-1

Golygwyd gan Delyth Ifan
Dyluniwyd gan Dylunio GraffEG
Argraffwyd gan Y Lolfa

Diolch i'r canlynol am ganiatâd i atgynhyrchu testun a delweddau:
Awdurdod Gweithredol Iechyd a Diogelwch
Cadog
Gwasg Gomer
Gwyneth Glyn
Media Wales Ltd. (t.115)
Photolibrary Wales (t.49)
Robat Powell
Topfoto (t.22, 44, 50, 66)
Y Lolfa

Gwnaethpwyd pob ymdrech i olrhain a chydnabod deiliaid hawlfraint. Bydd y cyhoeddwyr yn falch o wneud trefniadau addas gydag unrhyw ddeiliaid na lwyddwyd i gysylltu â nhw.

Diolch hefyd i Marged Cartwright, Sara Davies, Meinir Jones
a Huw Richards am eu harweiniad gwerthfawr.

Noder bod y cyhoeddiad hwn yn atgynhyrchu taflenni a gwybodaeth o amrywiol ffynonellau.
Gall hyn arwain at fân amrywiadau o ran sillafu a chywair.

TASGAU

 Ysgrifenedig

 Darllen

 Trafod

 Geirfa

CERDD RYDD

Y FFÔN SYMUDOL

Mor braf oedd hepian cysgu yn nhawelwch clyd y trên
Nes cael fy neffro'n sydyn gan lais yn holi'n glên,
'Helô Mam, ti sy'na?'

Mor hyfryd troi am lonydd i erwau gwyrdd y wlad
Nes cododd gwaedd aflafar rhyw fab yn galw'i dad
'Heia Dad, fi sy'ma!'

Mor dawel oedd y bore ar dywod aur y traeth
Nes cael fy nharfu'n greulon gan sŵn rhyw gleber ffraeth
'S'mai Daf, Bart Simpson'ma'.

Rhwng silffoedd yr archfarchnadoedd, mewn bws neu ar y lôn,
Fe ddrysir fy meddyliau gan lu galwadau'r ffôn,
'Helô Siân, ble wyt ti nawr?'

Un dydd mi af i'r lleuad er mwyn distawrwydd pur,
Eisteddaf i fyfyrio yng ngwacter maith y tir,
Ond clywaf alwad rhyw ddyn bach coch yn glir,
'Heia NASA, sut mae acw?'

Mae'r byd a'i holl boblogaeth yn tyfu, welwch chi,
Pum miliwn ceg i'w bwydo? Pa ots am hyn i ni?
Pum miliwn ffôn symudol yw'r hunllef mawr i mi!
'Helô rywun! Help!'

Robat Powell

cleber = sŵn swnllyd, cras, fel iâr

TASG

Ar ôl darllen y gerdd 'Y Ffôn Symudol' atebwch y cwestiynau hyn:

1   Enwch 4 lle ble mae'r bardd yn clywed ffôn symudol yn canu.

i)

ii)

iii)

iv)

2   Pa 6 ansoddair mae'r bardd yn eu defnyddio i ddisgrifio'r lleoedd hyn?

i)   iv)

ii)   v)

iii)   vi)

3   Sut awyrgylch maen nhw'n ei greu?

4   Pa 2 ansoddair sy'n cyferbynnu â'r ansoddeiriau sydd yn ateb cwestiwn 2?

i)

ii)

Beth yw eu pwrpas?

5 Ysgrifennwch gynnwys pob pennill ar ffurf nodiadau fel hyn:

Pennill 1
Y bardd yn cael ei ddeffro gan blentyn yn ffonio ei fam.

Pennill 2

Pennill 3

Pennill 4

Pennill 5

Pennill 6

6 Mae'r gerdd 'Y Ffôn Symudol' yn gerdd ysgafn. Ysgrifennwch baragraff yn trafod yr HIWMOR sydd ynddi. Cofiwch wneud y canlynol:

• dyfynnu;
• rhoi eich barn.

ERTHYGL - PLA AR GYMDEITHAS!

Fel y gŵyr pawb mae ffonau symudol yn arbed bywydau ac yn ffordd ardderchog o gysylltu â phobl mewn argyfwng. Fel mam i ddau o blant rydw i'n eu gweld nhw'n ddefnyddiol iawn i gadw gafael ar fy mhlant pan fyddan nhw allan o'm golwg. Mae hynny'n rhoi tawelwch meddwl i mi.

Cyflwyniad
Manteision
ffonau
symudol

Cyflwyno'r
wrth-ddadl

Serch hynny mae ffonau symudol wedi mynd yn **bla ar gymdeithas** erbyn hyn. Rydw i'n siŵr y bydd pobl eraill yn cytuno â mi pan ddywedaf eu bod yn **felltith.** Does dim dianc rhagddyn nhw! **Maen nhw'n eich byddaru pan fyddwch ar fysiau ac ar drenau** a phan fydd pobl yn mwynhau eu hunain mewn sinemâu ac mewn theatrau. Mae'n warthus o beth bod pobl yn tarfu ac yn amharu ar eraill heb iotyn o gydwybod. **A beth am y bobl wyneb galed sy'n peidio â throi eu ffonau i ffwrdd hyd yn oed ar ôl cael gorchymyn i wneud hynny mewn cyngerdd neu wasanaeth Nadolig ysgol? Cywilydd arnynt!**

Cyfeirio'n ôl
at y teitl

Barn yn erbyn

Datblygu'r
farn gyda
thystiolaeth

Barn a
thystiolaeth
mewn
cwestiwn
rhethregol

Clo cryf
gyda
brawddeg
fer sy'n pigo
cydwybod

Mae angen i fwy o bobl sefyll ar eu traed a chwifio eu baneri protest. Gresyn nad oes mwy o bobl yn lleisio eu barn yn groch fel Trevor Harris, perchennog sinema Y Palace yn Hwlffordd. Mae e wedi talu am gamerâu drudfawr i fonitro pobl sy'n defnyddio eu ffonau yn ei sinema. Os bydd e'n eu gweld nhw'n ffonio, allan â nhw i'r oerfel a'r glaw!

Chwarae teg i'r llywodraeth maen nhw wedi deffro o'u trwmgwsg ac wedi cyflwyno deddf i wahardd gyrwyr rhag ffonio tra'n gyrru. Ond ydy pobl yn cydymffurfio â'r ddeddf? Ydyn nhw'n poeni am y ddirwy? Nac ydyn! Edrychwch chi ar bobl yn eu ceir! Mae'n anodd tynnu cast o hen geffyl!

Gwn y byddwch yn fy ngweld fel dinosor o'r cynfyd, yn cwyno ac yn achwyn am ddatblygiadau'r byd modern. Dim o gwbl! Rwy'n un o hoelion wyth eBay, rwy'n cadw blog wythnosol, mae gen i iPod pinc ac rwy'n bancio ar-lein. Y gwir amdani yw bod angen cymedroldeb ym mhob dim. Mae i dechnoleg fodern ei pheryglon a dydw i ddim yn un sy'n claddu fy mhen yn y tywod fel estrys naïf.

Wyddech chi fod un o bob pump o blant wedi cael eu bwlio ar eu ffôn symudol? Wyddech chi fod 'happy slapping' ar gynnydd? Mae'r bobl ifainc anwaraidd hyn yn ffilmio ymosodiadau ac yn eu hanfon at eraill. Mae'r peth yn codi cyfog arnaf i!

Ac a ydyn ni'n gwybod beth fydd effeithiau hir dymor defnyddio ffonau symudol? Yn syml, nac ydym. Ydyn nhw'n achosi *altzeimers*? Ydy dynion yn debygol o fod yn anffrwythlon o'u defnyddio? Ydyn ni'n fwy tebygol o gael niwed i'r ymennydd? Amser a ddengys, yn anffodus, ac erbyn hynny bydd y niwed wedi ei wneud.

Mae pendroni uwchben yr holl ofnau hyn bron iawn yn ddigon i mi daflu fy ffôn i'r bin agosaf. 'Bron iawn'. Sylwch ar fy ngeiriau. Mae pwyso a mesur diogelwch ffonau symudol yn anodd. Ydw i'n peidio â gyrru ar hyd yr A44 er fy mod i'n gwybod mai dyma'r darn peryclaf o ffordd ym Mhrydain? Nac ydw! Ydw i'n peidio â phrynu oddi ar eBay er fy mod i'n gwybod bod dihirod yn y byd mawr drwg yn ceisio dwyn fy arian a'm manylion personol? Nac ydw! Alla i ddim byw heb fy ffôn. Cymedroldeb yw'r gair allweddol. Byw'n gymedrol a defnyddio'r ffôn yn gymedrol.

TASG

1 Yn y blychau ar ochr dde'r erthygl ysgrifennwch bennawd i bob paragraff.

2 Gan ddilyn y nodiadau sydd ar ail baragraff yr erthygl, dadansoddwch arddull y paragraffau eraill.

I ddechrau gallech labelu nodweddion fel:

• brawddeg fer;
• brawddeg hir;
• ansoddeiriau cryf;
• idiomau;
• ebychnodau;
• cwestiynau rhethregol;
• gwawd;
• datblygu dadl;
• tystiolaeth.

Ysgrifennwch draethawd yn GWERTHFAWROGI'r erthygl.

PEIDIWCH Â THRAFOD POB PARAGRAFF AR EI BEN EI HUN!

OND **defnyddiwch y nodweddion fel cynllun**. Bydd un paragraff yn trafod IDIOMAU, er enghraifft, ac yn dechrau fel hyn:

effaith / pwrpas	Defnyddia'r awdures lawer o **idiomau** i gyfoethogi ei hiaith. Mae hyd yn oed y teitl yn idiom, **'pla ar gymdeithas'** ac yn **cyfleu atgasedd** yr awdures at ffonau symudol. **Gall pla fod yn rhywbeth anodd iawn i gael gwared ohono ac mae'n boen i bawb**. Dyna yw ffonau symudol iddi hi!	⬆ labelu ⬆ enghraifft ⬆ egluro

COFIWCH CHITHAU:
• labelu;
• enghreifftio;
• effaith / pwrpas;
• egluro.

HANES FFONAU SYMUDOL

Mae fel petaen nhw wedi bod yma erioed! Ond dydyn nhw ddim!Teclyn gweddol ddiweddar ydy'r ffôn symudol. Cyn 40au'r ganrif ddiwethaf defnyddid radio dwyffordd mewn tacsis, ceir ambiwlans a cheir heddlu ond nid ffonau symudol oedden nhw oherwydd doedden nhw ddim wedi eu cysylltu â rhwydwaith teleffon.

Y BLYNYDDOEDD CYNNAR

Cafodd y system ffonau symudol awtomatig cyntaf ei ddatblygu gan Ericcson a'i ryddhau yn Sweden ym 1956. Pwysai'r ffôn 40kg (90 pwys)! Erbyn 1965 cafwyd fersiwn gwell gyda thransistor a phwysai hwnnw 9kg (20 pwys).

Anfantais arall y ffonau cynnar hyn oedd bod yn rhaid iddynt aros o fewn dalgylch yr orsaf oedd yn eu rheoli. Ym 1971, fodd bynnag, lansiwyd gwasanaeth ffonau cellog (*cellular*) yn y Ffindir. Golygai hyn y gellid symud o ddalgylch un orsaf i'r llall.

Y GENHEDLAETH GYNTAF

Cafodd y gwasanaeth ffonau cellog masnachol cyntaf ei lansio yn Japan ym 1979 ac fe'i dilynwyd gan Denmarc, Y Ffindir, Norwy a Sweden ym 1981. Ffonau analog oedd y rhain. Motorola gynhyrchodd y ffôn llaw symudol cyntaf a hynny yn America yn 1983.

YR AIL GENHEDLAETH

Yn y 1990au cafodd yr ail genhedlaeth o ffonau symudol eu cyflwyno. Dyma gyfnod dyfodiad y ffonau digidol a dyma pryd y cafwyd ffonau llaw bychain oedd yn pwyso 100-200gram.

Cafodd y neges testun gyntaf trwy beiriant ei gyrru ym Mhrydain ym 1991 a'r neges gyntaf o berson i berson ei gyrru yn y Ffindir ym 1993. Yn y Ffindir hefyd, yn y flwyddyn 2000, yr ymddangosodd gwasanaeth newyddion gyntaf ar ffonau symudol.

Y DRYDEDD GENHEDLAETH

Dechreuwyd rhwydweithiau'r drydedd genhedlaeth o ffonau symudol yn Japan yn 2001 ac erbyn hyn mae'r hyn sy'n cael ei gynnig yn anhygoel. Gellir syrffio'r we, gadael neges llais, chwarae cerddoriaeth yn ôl, recordio, e-bostio, tynnu llun, chwarae gemau, lawrlwytho fideo i'w wylio'n ddiweddarach a gwrando ar y radio i enwi ond ychydig.

Ddiwedd 2007, dim ond pedair blynedd ar ddeg ar ôl y neges testun gyntaf, roedd 74% o'r rhai oedd berchen ffôn symudol yn gyrru negeseuon testun (dros 2.4 blilwn o'r 3.3 biliwn o berchnogion).

Erbyn heddiw y ffôn symudol yw'r seithfed cyfrwng torfol yn dilyn print, recordio, sinema, radio, teledu a'r we.

TASG

1   Daw'r darn 'Hanes Ffonau Symudol' o wyddoniadur neu lyfr gwybodaeth. Astudiwch nodweddion arddull y darn a rhowch enghreifftiau.

NODWEDD	ENGHRAIFFT (os yn bosibl)
Is -deitlau	
Cronolegol (trefn amser)	
Brawddegau – byr neu hir?	
Dyddiadau	
Ffigurau	
Enwi pobl	
Ansoddeiriau	
Iaith safonol/lafar	
Barn	

Y SEITHFED CYFRWNG TORFOL

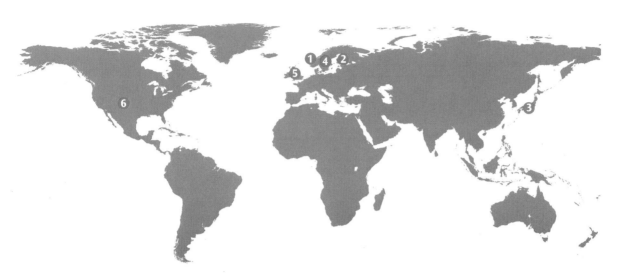

1. SWEDEN
1956 – Ffôn symudol awtomatig cyntaf
1979 – Gwasanaeth ffonau cellog masnachol

2. Y FFINDIR
1971 – Gwasanaeth ffonau cellog cyntaf
1981 – Gwasanaeth ffonau cellog masnachol
1993 – Neges testun gyntaf o berson i berson
2000 – Gwasanaeth newyddion cyntaf trwy ffôn symudol

3. JAPAN
1979 – Gwasanaeth ffonau cellog masnachol cyntaf

4. NORWY
1981 – Gwasanaeth ffonau cellog masnachol

5. AMERICA
1983 – Ffôn llaw symudol cyntaf

6. PRYDAIN
1993 – Neges testun gyntaf trwy beiriant

2008 Y Setiau Llaw Poblogaidd!

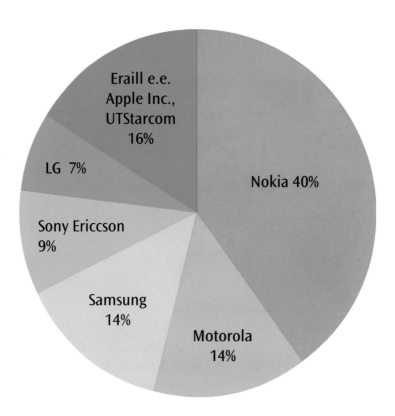

Eraill e.e. Apple Inc., UTStarcom 16%

LG 7%

Nokia 40%

Sony Ericcson 9%

Samsung 14%

Motorola 14%

Mae dad wedi **pryni ffon** newydd i fi yn **anhreg** Nadolig. Rydw i'n **hofi tyni llyniau** arno a **gyru** neges **i** fy frindiau. Rydw i wedi rhoi fy **un hen** Samsung i Mamgu oherwydd **doedd hi ddim gan un**. Dydy hi ddim yn deall pethau modern ac rydw i'n gorfod **dysgi** hi **syt** i ddefnyddio ffôn. Mae mam yn gwrthod gadael i fi gael fy ffôn i **gyd o'r amser**. **Owain Prys.**

Efallai y byddai'n well i'r tad fod wedi rhoi llyfr i Owain oherwydd mae ganddo broblemau sillafu a gramadeg!

Mae'r camgymeriadau mewn print trwm. Cywirwch hwy!

 TASG

1   Ar ôl darllen 'Hanes Ffonau Symudol' cyflwynodd disgybl ysgol yr wybodaeth ar fap o'r byd o dan y teitl 'Y Seithfed Cyfrwng Torfol'. CYMHARWCH y ddau ddull o gyflwyno gwybodaeth gan drafod:

- Pa un sydd fwyaf atyniadol i'r llygad a pham;
- Pa un sy'n cyflwyno gwybodaeth gliriaf a pham;
- Pa un sy'n cyflwyno fwyaf o wybodaeth gan roi enghreifftiau;
- Teitlau'r ddau ddarn. Pa un yw'r gorau a pham.

 TASG

Yn eich grwpiau trafodwch y testunau hyn:

i)   Mae plant dan 8 oed yn rhy ifanc i gael ffôn symudol;

ii) Nid yw ffonau symudol yn addas ar gyfer pobl dros 60 oed;

iii) Mae cael y set llaw gorau yn gystadleuaeth rhwng pobl ifanc.

Cofiwch wneud y canlynol:

- rhoi tystiolaeth;
- cyfeirio at brofiadau personol;
- mynegi eich barn.

FFEITHIAU FFONAU SYMUDOL

Faint o'r ffeithiau hyn ydych chi'n eu gwybod?

- Yn Ewrop mae pob galwad ar ffôn symudol yn cael ei chofnodi.
- Roedd y record o alwadau ffôn o dde Iwerddon i Omagh yn allweddol i ymchwiliadau'r heddlu i'r bomio yn 2000.
- Mae llywodraeth y Ffindir wedi penderfynu mai'r dull gorau o rybuddio pobl o drychinebau yw trwy ffonau symudol.
- Dylid gallu gwneud galwad frys ar bob ffôn symudol dim ots beth yw cyflwr y cerdyn SIM na faint o arian sydd ynddo.
- Yn ôl un arolwg mae 40% o yrwyr rhwng 16 a 30 oed yn tecstio wrth yrru.
- Yn ôl arolwg arall gall 40% o bobl ifanc yn eu harddegau decstio â'u llygaid ynghau.
- Ym mis Mawrth 2008 cafodd teithwyr ar awyren hawl i ddefnyddio eu ffonau symudol am y tro cyntaf, trwy system mobeil awyr.
- Mae Cymdeithas Dermatitis Prydain yn rhybuddio y gall defnyddio ffonau symudol achosi brech ar fochau, clustiau a bysedd defnyddwyr oherwydd y nicel sydd yn y setiau llaw.
- Mae ymennydd plant dan 8 oed yn amsugno dwywaith cymaint o ymbelydredd o ffonau symudol nag oedolion ac mae pryder y gall hyn effeithio ar ddatblygiad yr ymennydd.
- Yn ôl ymchwil yn America mae defnyddio ffôn tra'n gyrru yn effeithio mwy ar reolaeth y gyrrwr o'r cerbyd na 0.08% o alcohol yn y gwaed.
- Mae dros 500 miliwn o ffonau symudol mewn safleoedd tirlenwi yn America.
- Bydd pobl yn cael gwared o 125 miliwn o ffonau symudol eleni yn unig.
- Mae mastiau ffonau symudol yn beryglus i awyrennau sy'n hedfan yn isel ac i adar.
- Yn Hong Kong, Canada ac America gall yr un sy'n derbyn galwad orfod talu amdani.
- Weithiau ceir cabanau tawel ar drenau. Nid yw defnyddio ffôn symudol yn cael ei ganiatáu arnynt.
- Yn Japan mae siarad ar ffôn tra ar drên yn cael ei ystyried yn anghwrtais. Felly bydd pawb yn tecstio.
- Mae cael y set llaw orau yn gystadleuaeth ymysg pobl ifanc.

 TASG

Ar ôl darllen 'Ffeithiau Ffonau Symudol' trafodwch y pwyntiau yn eich grŵp.

Ydy ffonau symudol yn achosi problemau?
Oes manteision yn perthyn iddyn nhw?

COFIWCH!

- Rhowch dystiolaeth;
- Cyfeiriwch at brofiadau personol;
- Rhowch eich barn.

vodafone

ANGEN TOPUP?

Galwadau rhad ac am ddim dros y
penwythnos yn gwneud i'ch TopUps
fynd yn bellach
Gwnewch y gorau o'r funud hon

top-up

Llenwch fi

**Gallwch lenwi credyd eich ffôn mewn eiliad gyda
Cherdyn Sweipio TopUp Vodafone. Cysylltwch y
Cerdyn Sweipio i'ch ffôn, gwnewch alwad sydyn a
chewch TopUp yn gyflym ac yn hawdd.**

Llenwch fi eto … ac eto …
Gall eich cerdyn arbed amser. Cadwch e yn eich pwrs
neu'n eich waled a rhowch e i'r siopwr bob tro rydych
angen topup.

I ddechrau
*   Cysylltwch eich Cerdyn Sweipio i'ch ffôn
*   Galwch 2345 am ddim
*   Dilynwch y cyfarwyddiadau syml i gysylltu eich
    cerdyn

Rydych yn barod i ail-lenwi'r ffôn!
Oeddech chi'n gwybod?
Gallwch gysylltu mwy nag un cerdyn i'ch ffôn fel y gall
pobl eraill ei ail-lenwi drosoch chi.

Parabla Mlaen

**Ar ôl cysylltu'r Cerdyn Sweipio, dilynwch y camau
syml hyn bob tro rydych am ail-lenwi'r ffôn.**

Prynu – gallwch brynu credyd mewn unrhyw siop sy'n
dangos y symbol TopUp gwyrdd.
Sweipio – rhowch y Cerdyn Sweipio i'r siopwr.
Talwch – penderfynwch faint o gredyd sydd arnoch ei
eisiau. Dewiswch rhwng £5 a £50.
Siarad – nawr gallwch siarad, tecstio, gyrru llun neu
ddefnyddio unrhyw un o wasanaethau cyffrous
Vodafone.

A chofiwch, y tro nesa y byddwch angen TopUp
gallwch ddefnyddio eich Cerdyn Sweipio eto.

Galwadau a negeseuon testun am
ddim dros y penwythnos

Os ydych yn gwario £5 yn ystod yr wythnos cewch
wneud galwadau a gyrru negeseuon testun am ddim
dros y penwythnos.

Tecstiwch **PENWYTHNOS** ar 2345 i gofrestru nawr neu
ewch i vodafone.co.uk am fwy o fanylion.

TOPUP

Y ffordd symlaf i brynu amser ar yr aer

DIM MWY O DALEBAU DIM MWY O DRAFFERTH

➤ **Un sweip sy ei angen**

Mae prynu amser ar yr aer yn hawdd gyda cherdyn E-dopio. Yr unig beth sy raid i chi wneud ydy rhoi eich cerdyn i'r siopwr a dweud faint rydych am ei brynu, unrhyw swm rhwng £5 a £100.

➤ **Miloedd o fannau TopUp ym Mhrydain**

Gallwch roi arian ar eich ffôn mewn dros 85,000 lle ym Mhrydain – siopau cornel, gorsafoedd petrol neu eich archfarchnad leol, unrhyw le sy'n arddangos y logo TopUp gwyrdd.

➤ **Ymunwch â Virgin Mobile – mynnwch gerdyn TopUp**

Gyda phob ffôn symudol Virgin newydd cewch gerdyn E-dopio heb sôn am werth £5 o alwadau. Gallwch hyd yn oed archebu cardiau E-dopio i'ch teulu a ffrindiau fel y gallant hwy roi arian ar eich ffôn drosoch chi.

➤ i gael eich cerdyn neu am fwy o wybodaeth ewch i virgin.com / mobile neu galwch 789 o'ch ffôn symudol Virgin (0845 6000 789 o linell arall)

TASG

1 Wrth ddarllen y ddwy daflen hysbysebu mae'n siŵr eich bod wedi darganfod elfennau tebyg ynddynt.

Yn y grid isod:

- rhowch enghreifftiau;
- eglurwch beth yw eu pwrpas;
- eglurwch pa effaith maen nhw'n ei greu.

NODWEDD	VODAFONE	VIRGIN
Lliwiau	Coch llachar yn tynnu sylw Gwyrdd ar y logo sy'n awgrymu ffresni	
Lluniau		Bachgen a merch yn chwerthin yn hapus. Un yn groenddu ac un yn groenwyn yn awgrymu bod y ffôn ar gyfer pawb. Lluniau o bobl ifanc yn awgrymu mai dyna pwy sy'n prynu'r math yma o ffôn.

NODWEDD	VODAFONE	VIRGIN
Y print Lliw y print Lliw y cefndir Y ffont Maint y print Is-deitlau Bwledi		
Logos		
Arddull Cyfarch y darllenydd Cwestiynau Cyfarwyddiadau Technegau perswadio Geiriau unigol sy'n perswadio Elipsau (...)		

TAFLEN WYBODAETH

CYMER OFAL O'TH FFÔN!

Mae ffonau symudol yn ddewis poblogaidd iawn gyda bwlis. Maent yn rhoi cyfle i'r bwlis fychanu eu targedau heb ofn cael eu dal, yn enwedig gan fod modd i negeseuon testun fod yn ddienw. Yn y Deyrnas Unedig mae 14% o blant wedi cael eu bwlio trwy gyfrwng ffonau symudol ac mae'n dod yn fwy cyffredin.

Problemau y gallet ti ddod ar eu traws gyda ffôn symudol:

- **galwadau tawel;**
- **dwyn hunaniaeth;**
- **negeseuon geiriol ymosodol;**
- **negeseuon testun sarhaus a bygythiol.**

Mae negeseuon testun ymosodol wedi eu hanfon i ffonau symudol trwy gyfrwng gwefannau gan ddefnyddio enwau a rhifau ffôn pobl oedd â dim i'w wneud â'r neges. Ond nhw gafodd y bai – felly bydd yn ofalus.

Cofia fod rhif dy ffôn symudol yn mynd yn awtomatig gydag unrhyw neges destun neu lun fyddi di'n eu hanfon o dy ffôn symudol. Felly, meddylia'n ofalus cyn gyrru lluniau ohonot ti dy hun neu dy ffrindiau o dy ffôn camera symudol - gallai ddod â chanlyniadau difrifol yn y tymor hir.

Gall agor negeseuon testun neu agor cysylltiadau/ffeiliau ar dy ffôn symudol gan bobl dwyt ti ddim yn eu hadnabod achosi trafferth i ti - gallent gynnwys lluniau neu negeseuon cas. Gallent hefyd gostio llawer o arian i ti, a gallent hyd yn oed newid y gosodiadau ar dy ffôn.

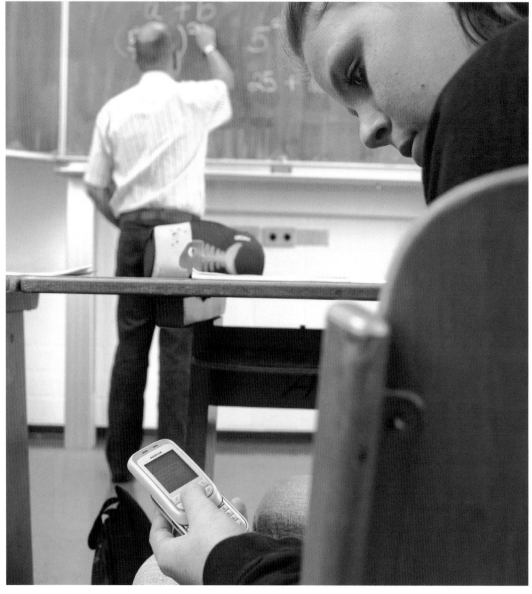

Os eith pethau dros ben llestri a dy fod yn derbyn negeseuon testun neu alwadau ffôn bygythiol neu ymosodol cofia'r pwyntiau hyn:

- **PAID** ag anwybyddu bygythiadau, dros y ffôn neu drwy neges testun.
- **PAID** ag ymateb yn y ffordd mae'r bwli am i ti wneud – paid â chyfathrebu gyda'r bwli oherwydd gall hynny wneud pethau'n waeth.
- **PAID** â dileu'r neges testun neu'r neges llais. Trwy ei chadw bydd gennyt dystiolaeth i'w rhoi i'r heddlu.
- **COFIA** ddweud wrth rywun. Paid â chadw'r cyfan i ti dy hun yn y gobaith y bydd y broblem yn diflannu. Dos at dy rieni, athro neu athrawes, gweithiwr ieuenctid ayyb i ddweud wrthyn nhw yn union beth sydd wedi digwydd.
- **COFIA** gadw cofnod o beth sy'n digwydd, dyddiad / amser y digwyddiad a beth ddywedwyd.
- **COFIA** – bob tro mae'r ffôn yn cael ei roi ymlaen neu ei ddiffodd mae'n anfon signal i'r mast ffôn agosaf. Bydd yr wybodaeth hon gan y cwmnïau ffôn ar eu systemau ac mae'n hawdd i'r heddlu ganfod beth yw rhif ffôn y sawl sydd wrthi, hyd yn oed os ydyn nhw wedi celu eu rhif ffôn.

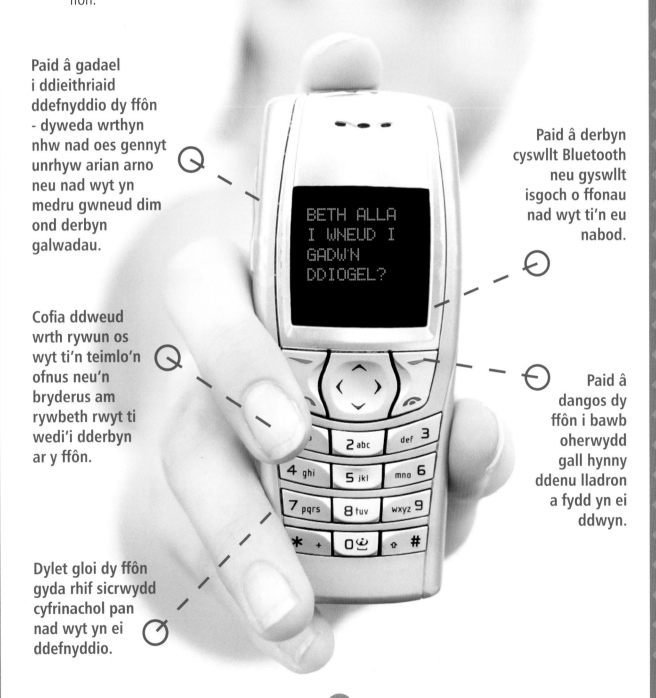

Paid â gadael i ddieithriaid ddefnyddio dy ffôn - dyweda wrthyn nhw nad oes gennyt unrhyw arian arno neu nad wyt yn medru gwneud dim ond derbyn galwadau.

Paid â derbyn cyswllt Bluetooth neu gyswllt isgoch o ffonau nad wyt ti'n eu nabod.

BETH ALLA I WNEUD I GADW'N DDIOGEL?

Cofia ddweud wrth rywun os wyt ti'n teimlo'n ofnus neu'n bryderus am rywbeth rwyt ti wedi'i dderbyn ar y ffôn.

Paid â dangos dy ffôn i bawb oherwydd gall hynny ddenu lladron a fydd yn ei ddwyn.

2 abc   def 3
4 ghi   5 jkl   mno 6
7 pqrs   8 tuv   wxyz 9
*   0   #

Dylet gloi dy ffôn gyda rhif sicrwydd cyfrinachol pan nad wyt yn ei ddefnyddio.

TASG

Ar ôl darllen y daflen 'Cymer Ofal o'th Ffôn' atebwch y cwestiynau hyn:

1 Faint o blant sydd wedi cael eu bwlio trwy gyfrwng ffonau symudol yn y Deyrnas Unedig?

2 Eglurwch ystyr yr ymadroddion isod gan roi enghreifftiau:

i) Galwadau tawel

ii) Dwyn hunaniaeth

iii) Negeseuon geiriol ymosodol

iv) Negeseuon testun sarhaus a bygythiol

3 Astudiwch y 2 lun ar dudalen 22 ac eglurwch a ydyn nhw'n effeithiol ai peidio. Cofiwch roi rhesymau.

Llun 1

Llun 2

Iaith GYFEILLGAR sydd yn y daflen.

Mae'r cyfan yn yr **AIL BERSON UNIGOL e.e.**
BERFAU e.e. COFIA
RHAGENWAU e.e. DY

Beth yw mantais defnyddio iaith fel hyn?

HWYL DROS DRO

Pam na wnei di ddangos lluniau ohonot ti a dy ffrindiau yn y parti 'na i dy athrawon? Neu wyt ti am ddweud manylion dy fywyd carwriaethol wrth dy fam? Neu efallai sefyll ar sgwâr y dref i rannu lluniau ohonot ti dy hun i bawb sy'n mynd heibio? Go brin! Ond dyna mae pobl yn ei wneud wrth ganiatáu mynediad i'w safleoedd rhyngweithiol cymdeithasol!

Mae gan 4.5 miliwn o bobl ifanc wybodaeth fydden nhw ddim am i goleg neu brifysgol neu gyflogwr ei gweld ar y rhyngrwyd. Nid yw 6 o bob 10 erioed wedi dychmygu y gallai'r wybodaeth yna wneud drwg iddyn nhw yn y dyfodol. Dydyn nhw ddim yn poeni llawer amdano chwaith.

> Doeddwn i ddim yn sylweddoli bod cyflogwyr yn gallu eich 'gwglo' a chael gwybodaeth sy'n codi cywilydd. Gwnes bethau gwirion pan oeddwn i'n ifanc a dweud wrth bawb ar y we. Rydw i wedi callio erbyn hyn ond mae'n rhy hwyr. Pan driais am swydd yn y Cyngor Sir ches i mohoni am fod y darpar gyflogwr wedi darllen fy hanes pan oeddwn tua 16 oed.
>
> **Bachgen, 19 oed, Y Rhyl**

Mae un o bob tri pherson ifanc yn derbyn 'ffrindiau' dydyn nhw ddim yn eu hadnabod! Gan fod cystadleuaeth i gael y nifer mwyaf o 'ffrindiau' mae llawer yn gadael eu manylion yn agored i'r byd er mwyn denu mwy o 'ffrindiau'.

Mae'r rhai sy'n ymwybodol o'r perygl yn cael trafferth mawr i ddileu lluniau a gwybodaeth.

> Ysgrifennais flog gyda manylion personol arno ychydig flynyddoedd yn ôl. Mae arna i eisiau ei ddileu ond rydw i wedi methu.
>
> **Merch, 16 oed, Caerffili**

I unrhyw un sydd eisiau twyllo mae'r data personol ar y safleoedd hyn fel cloddfa aur. Dyddiad geni? Yno. Teitl swydd? Yno. Cyfeiriad cartref? Yno gan un o bob deg.

A beth am y manylion sy'n cael eu defnyddio i greu cyfrineiriau? Enwau plant? Gan 23%. Enwau anifeiliaid anwes? Gan chwarter y genethod. Enw bedydd y fam? Gan 2%. Yr union wybodaeth sydd ei hangen i brynu nwyddau neu gael mynediad i gyfrif banc!

> Erbyn hyn rydw i'n difaru enwi fy anifail anwes ar Bebo. Mae rhywun wedi deall mai dyna fy nghyfrinair i fynd ar y cyfrifiadur ac wedi dileu fy ngwaith cwrs.
>
> **Merch, 17 oed, Pwllheli**

Nod *The Child Exploitation and Online Protection Centre (CEOP)* yw rhwystro drwgweithredwyr rhag defnyddio'r rhyngrwyd i gamdrin pobl ifanc. Awgryma eu hymchwil fod 1 o bob 4 person ifanc yn cyfarfod wyneb yn wyneb â phobl wnaethon nhw ddod i'w hadnabod yn wreiddiol ar-lein. Bydd 83% ohonynt yn mynd â ffrind gyda nhw, mae'n wir – er mwyn diogelwch efallai. Ond, trwy wneud hynny maent yn rhoi'r ffrind mewn perygl hefyd.

Ar y siopau siarad a'r negeseuon sydyn (*instant*) y ceir y mwyaf o gamdrin ar hyn o bryd.

Ond beth am y dyfodol? Twnnel tywyll yw'r cymdeithasu rhyngweithiol a'r gemau ar-lein. Twnnel tywyll na ŵyr neb beth fydd ei ddiwedd na pha erchyllterau a all ddigwydd y tu mewn iddo.

NEWYDDION!

Darparwyr Gwasanaeth Rhyngrwyd (ISP) i gadw cofnod o bob e-bost a galwad.

O dan ddeddf ddadleuol gan y llywodraeth sydd yn dod i rym heddiw bydd yn rhaid i bob Darparwr Gwasanaeth Rhyngrwyd gadw cofnod o bob e-bost a galwad ar-lein.

Disgwylir iddynt gael eu cadw am 12 mis fel arf i helpu gydag ymchwiliadau i droseddau. Er na fydd cynnwys y negeseuon a'r galwadau yn cael eu cadw bydd dyddiad, amser a hyd y negeseuon a'r galwadau ac enwau'r derbynwyr yn cael eu cadw ar record.

Yn dilyn y bomio yn Llundain yn 2005 pwysleisiodd Cyngor yr Undeb Ewropeaidd fod angen 'mabwysiadu mesurau cyffredin parthed storio data telegyfathrebu'.

Y ddadl yw bod gwybod pryd gyrrwyd e-bost neu pryd cafodd galwad ei gwneud yn wybodaeth ddadlennol iawn i'r heddlu. Y ddadl yn erbyn yw y gallai'r wybodaeth gyrraedd y bobl anghywir.

TASG

Ar ôl darllen 'Hwyl dros Dro' atebwch y cwestiynau hyn:

1 Heb ailddarllen 'Hwyl Dros Dro' ysgrifennwch beth rydych chi'n ei gofio o'r erthygl.

i) _____

ii) _____

iii) _____

2 Rhowch dic yn y blwch i ddangos ble'r oedd yr wybodaeth rydych chi'n ei chofio.

Yn y paragraff cyntaf ☐
Mewn blwch ☐
Mewn paragraff ☐

3 Beth mae hyn yn ei brofi i chi?

_____

4 Pwrpas y paragraff cyntaf yw denu sylw. Ym mha 2 ffordd mae'n gwneud hyn? Rhowch fanylion.

i) _____

ii) _____

5 Pa 3 pherygl all godi wrth ddefnyddio safleoedd cymdeithasol personol?

i) _____

ii) _____

iii) _____

6 Eglurwch BWRPAS paragraff olaf yr erthygl.

_____

_____

_____

7 Beth yw pwrpas y darn 'ISP i gadw cofnod o bob e-bost a galwad'?

_____

_____

_____

8 Pa fath o iaith sydd yma? Rhowch ddwy enghraifft.

_____

_____

_____

9 Ydy arddull y darn yn flodeuog neu yn gryno? Dewiswch un frawddeg i brofi eich ateb .

_____

_____

_____

BYDDWCH YN DDIOGEL!

RHAID OSGOI POB RISG!

Bydd yn ofalus wrth ddewis pa wybodaeth i'w rhoi

Mae'n bwysig gwybod pwy yw eich ffrindiau go iawn. Cofiwch, dydych chi ddim yn gwybod pwy yw ffrindiau ffrindiau eich ffrindiau! A does gennych chi ddim syniad beth wnân nhw gyda'ch lluniau, eich rhif ffôn na'ch manylion personol.

Os nad ydych chi'n fodlon sefyll ar gornel stryd a'i rhannu, peidiwch â rhoi'r wybodaeth yna ar y we!

Mae enw da yn bwysig. Efallai bod rhywbeth yn ddoniol i chi a'ch ffrindiau heddiw. Yn y dyfodol bydd gennych gywilydd ohono. Ond bydd yno ar ddu a gwyn i'ch athrawon, eich tiwtor mewn coleg neu eich cyflogwr!

Dim brolio ar y blog!

Iawn, dywedwch wrth y byd eich bod yn mynd i barti nos Sadwrn ond peidiwch â dweud ble mae e.

Ar boen eich enaid peidiwch â dweud bod eich tad yn filiwnydd a'ch bod yn mynd i gael Aston Martin ar eich pen-blwydd yn 18 oed!

Defnyddiwch eich blaenlythrennau (*initials*) yn lle eich enw a newidiwch eich llun i graffig cŵl.

Help!

Os ydych yn teimlo bod rhywun yn amheus, yn bwlio neu yn amharchus (*abusive*) cysylltwch â rheolwr y safle sgwrsio. Os na chewch ateb meddyliwch ddwywaith cyn defnyddio'r safle yna eto.

Os ydy'r mater yn ddifrifol defnyddiwch y botwm coch i fynd ar www.thinkuknow.co.uk

Ystyriwch!

DEFNYDDIWCH eich gosodiadau personol. Newidiwch osodiadau eich cyfrif fel nad oes neb ond ffrindiau rydych yn eu hadnabod yn cael eu derbyn ac yn gallu gyrru neges sydyn (*instant*) atoch.

DEWISWCH safleoedd sy'n gadael i chi reoli pwy sy'n cael mynediad i'ch proffeil a faint o wybodaeth allan nhw ei chael.

DARLLENWCH BOLISÏAU PREIFATRWYDD A GWNEWCH YN SIŴR EICH BOD YN DEALL SUT GALL SAFLE DDEFNYDDIO'R WYBODAETH AMDANOCH.

LLUNIAU fyddech chi'n barod i'w dangos i'ch rhieni yw'r unig rai ddylai fynd ar y we! Wyddoch chi ddim pwy fydd yn edrych arnyn nhw na beth wnân nhw gyda nhw.

PEIDIWCH â phostio eich rhif ffôn na'ch cyfeiriad e-bost. Pwy sydd eisiau'r rhain? Gallant gysylltu â chi trwy eich safle cymdeithasol rhyngweithiol.

PEIDIWCH â gadael i neb ddeall ble rydych yn byw, pa ysgol rydych yn mynd iddi neu eich oriau gwaith.

PEIDIWCH â phostio lluniau ohonoch chi a'ch ffrindiau yn eich gwisg ysgol.

TICIWCH y dewis '*no pic forwarding*' ar dudalen *settings* MySpace. Bydd hyn yn rhwystro pobl rhag gyrru eich lluniau at rywun arall.

Diogelu eich cyfrinair
- Newidiwch eich cyfrinair yn rheolaidd.
- Peidiwch â defnyddio geiriau amlwg fel enw eich anifail anwes neu eich dyddiad geni.
- Peidiwch â defnyddio yr un cyfrinair ar eich safleoedd cymdeithasol rhyngweithiol ag ar bethau fel eich cyfrif banc.

 TASG

Rydych newydd ddarllen taflen sy'n eich cynghori ar sut i ddefnyddio'r rhyngrwyd yn ddiogel.

1   Mae 'Byddwch yn ddiogel!' yn yr ail berson lluosog CHI. Newidiwch y darn i'r ail berson unigol TI.

Ail Berson Lluosog	Ail Berson Unigol
Eich	Dy
Cofiwch	Cofia
Defnyddiwch	Defnyddia
Newidiwch	Newidia
Cysylltwch	Cysyllta
Dydych chi	Dwyt ti
Peidiwch	Paid
Dywedwch	Dywed
Cewch	Cei
'ch	'th

Bydd yn rhaid i chi gofio newid rhai treigladau hefyd.

Pa wahaniaeth mae hyn yn ei wneud i'r darn?

2   Llenwch y grid isod gydag enghreifftiau o'r nodweddion sy'n perthyn i'r daflen. Os nad oes enghreifftiau yno ysgrifennwch DIM.

NODWEDD	BYDDWCH YN DDIOGEL! Enghreifftiau
Ffeithiau	
Hiwmor	
Ebychnodau	
Cwestiynau rhethregol	
Is-deitlau	
Iaith (amser y ferf, geirfa, defnydd o'r Saesneg, ffurfiol neu anffurfiol ac ati)	
Ffontiau	
Lliwiau Pa fath o naws/awyrgylch mae'r cyfan yn ei chreu (difrifol/ysgafn/bywiog/ofnus)	

3   Ar ôl llenwi'r grid ysgrifennwch un ochr i dudalen yn ateb y cwestiwn isod:

Ydy'r daflen yn apelio at bobl ifanc? Eglurwch beth sy'n ei gwneud yn apelgar. Eglurwch hefyd sut y gallai'r un a ysgrifennodd y daflen fod wedi ei gwneud yn fwy apelgar.

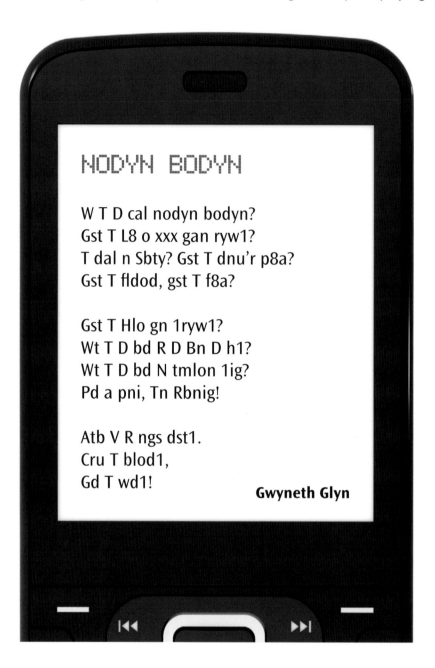

NODYN BODYN

W T D cal nodyn bodyn?
Gst T L8 o xxx gan ryw1?
T dal n Sbty? Gst T dnu'r p8a?
Gst T fldod, gst T f8a?

Gst T Hlo gn 1ryw1?
Wt T D bd R D Bn D h1?
Wt T D bd N tmlon 1ig?
Pd a pni, Tn Rbnig!

Atb V R ngs dst1.
Cru T blod1,
Gd T wd1!

Gwyneth Glyn

 TASG

1   Ysgrifennwch y gerdd hon gan Gwyneth Glyn mewn geiriau llawn.

2   Pa fath o lythrennau sydd wedi cael eu gadael allan?

3   Eich tro chi ydy anfon neges testun yn Gymraeg gan ddefnyddio iaith fel sydd yn y gerdd!

DYDDIADUR

ER GWYBODAETH I BAWB!
Dylan Humphreys
Rhyw: Gwryw
Statws Perthynas: Wedi ei ddympio

Dydd Llun
Cael profiad sy wedi gwneud i fi deimlo'n ddigon anghyfforddus heddiw. Darllen neges e-bost oddi wrth Gwyneth at Ruth yn dweud, 'Pob lwc efo Dylan!' Am beth mae hi'n sôn? Beth mae Gwyneth yn ei wybod nad ydw i ddim? Ddywedais i ddim wrth Ruth am hyn heno ac roedd hi'n berffaith iawn gyda fi.

Dydd Mawrth
Ar bigau'r drain. Ruth wedi gyrru testun yn dweud ei bod allan gyda'r merched heno ond ei bod yn dod yma nos fory i gael siarad am rywbeth. Gwrthod dweud beth. Mae rhywbeth yn dweud wrtha i nad 'gair' am rywbeth diniwed fel bod fy nhraed yn drewi neu bod y top glas yn hen ffasiwn yw e.

Dydd Mercher
Mae hi wedi gorffen gyda fi. Wedi gorffen go iawn. Yn union fel gorffen bwyta swper. Dim byd ar ôl. Dydw i ddim yn teimlo cynddrwg ag roeddwn i wedi meddwl. Efallai nad oedden ni'n siwtio ein gilydd wedi'r cyfan. Dim ond dau fis fuon ni'n mynd allan gyda'n gilydd.

Dydd Iau
Pawb yn gwybod. Mae cyhoeddiad ar-lein yn dweud fy mod yn sengl! Yn waeth na hynny, mae'n dweud fy mod wedi cael fy nympio. Alla i mo'i ddileu felly mae'n syllu arna i, yn fy atgoffa mai hi ddympiodd fi.

Dydd Gwener

Mae pethau'n gwaethygu. Gan fy mod wedi fy nghysylltu â Ruth ar y gweplyfr rydw i'n cael gwybod am y pethau diddorol sy'n digwydd yn ei bywyd. A beth ges i wybod heddiw? Cael dwsin o negeseuon yn dweud bod ffrindiau Ruth yn gyrru negeseuon gyda'r gair 'Llongyfarchiadau' ati. Sôn am roi'r gyllell i mewn a'i throi. Ydyn nhw i gyd yn fy erbyn? Roeddwn i'n meddwl ein bod yn dipyn o ffrindiau.

Dydd Llun

Oni bai am felltith y cyfrifiadur fe fyddwn i wedi gallu dod dros Ruth erbyn hyn. (Mae Meri yn ferch ddigon handi!)

Mae Ruth wedi newid ei statws i: '2009: job newydd (moyn tsecio), fflat newydd (moyn tsecio), dyn newydd (gweithio arno).'

Felly dyma ddileu Ruth o fy rhestr ffrindiau. Dydyn ni ddim yn ffrindiau nawr a does arna i ddim eisiau gwybod a fydd hi'n gwisgo'i dillad isaf lwcus y tro cyntaf yr aiff hi allan gyda'r 'dyn newydd' yma.

Mi fyddwn i'n gallu dilyn ei hynt a'i helynt am hydoedd ond does arna i ddim eisiau. Mae hi'n ddydd Llun, yn ddechrau wythnos newydd. Mi wela i Meri yn y gwaith yfory! Grêt!

 TASG

1. Mae Dylan wedi ysgrifennu am ei brofiadau yn ei ddyddiadur. Pam? Am fod dyddiadur yn fwy cyfrinachol! Does neb arall i fod i'w ddarllen!

Ysgrifennwch gofnod o 5 diwrnod mewn dyddiadur. Ceisiwch gael rhywbeth i'w wneud â chyfrifiaduron yn y dyddiadur e.e.

- gwersi;
- darganfod gwybodaeth am rywbeth/rhywun;
- colli gwaith cwrs;
- copïo gwaith;
- prynu rhywbeth;
- chwarae gêm.

SOTHACH SEBON – Y TAWELYDDION GORAU!

Gwylio sothach sebon ar y teledu yw'r ateb perffaith pan fyddwch yn methu ymlacio ar ôl diwrnod caled o waith!

Mae'r Nadolig ar y gorwel a manylion rhaglenni teledu'r Ŵyl wedi eu cyhoeddi. Ac ymateb pob copa walltog o Fôn i Fynwy? Dim byd yn apelio! Popeth yn sothach! Ond sut gall unrhyw berson sydd yn ei iawn bwyll osgoi gwylio o leiaf rai ohonynt?

Pan ddatgelwyd y gyfrinach anghredadwy fod y Frenhines yn gaeth i *Eastenders* cododd pawb eu dwylo mewn dychryn! Pa mor rhagrithiol allwn ni fod?

Gadewch i mi gyfaddef fy mod innau yn gaeth i rai rhaglenni teledu! Ar ôl ceisio addysgu tua chant a hanner o ddisgyblion yn ystod y dydd, marcio eu gwaith a pharatoi at drannoeth gyda'r nos, mi fydda i wedi ymlâdd. Os ydy'r Frenhines wedi blino cymaint ar ôl cyflawni ei dyletswyddau hithau dydw i'n synnu dim ei bod yn gwylio sothach ar y teledu. Dyma'r ffordd ddelfrydol i'r greadures ddadweindio a sicrhau cwsg esmwyth.

Rydw i'n gwrthod yn lân â darllen dim byd trwm wedi naw o'r gloch y nos. Byddaf yn gwylio *The Bill, Casualty, Holby City, Bad Girls* - unrhyw beth sydd ddim yn gofyn am ganolbwyntio ac yn gadael i'r cyfan lifo fel afon drosta i gan fynd â thensiynau'r diwrnod i'w chanlyn.

Dydw i ddim yn cofio'r plotiau a phrin gofio enwau'r cymeriadau ydw i, ac os ydyn nhw'n anffyddlon i'w gilydd, yn hoywon, neu yn cael perthynas rywiol o fewn teulu – fel sy'n digwydd yn aml – dydy hynny'n cael dim effaith arnaf!

Ydych chi'n cofio *Dixon of Dock Green*, y cwnstabl cyfeillgar fyddai'n rhoi bonclust i fechgyn oedd yn chwarae triwant, ac yn eu gyrru yn ôl i'r ysgol? Neu yn achub cath oedd yn sownd ar ben coeden?

Ar y cychwyn rhyw barhad o hynny oedd *The Bill*. Nid felly heddiw. Erbyn hyn cawn broblemau teuluol a rhywiol y plismyn a chawn eu hanes yn yfed ac yn cymryd cyffuriau. Dyna ydy bywyd! A pheidiwch â dweud bod pobl ifanc yn copïo'r pethau drwg sydd ar y teledu! Y teledu sy'n eu dilyn nhw!

Yr hyn sy'n bwysig mewn cyfresi sebon ydy bod llinyn y stori yn rhuthro ymlaen. Pan fyddwch ar fin cysgu mae'n anodd cofio weithiau! Ble'r aeth y doctor ifanc i'r gwely gyda'r nyrs a drodd allan i fod yn chwaer iddo? *Casualty* ynteu *Holby City*? Pa ots? Roedd pethau fel hyn yn digwydd yn nramâu Groeg cyn geni Crist ac mae'r rheiny yn glasuron!
Pan oedden ni'n blant roedden ni'n cael stori cyn cysgu. Dyna'n union ydy *The Bill* a'i debyg. Maen nhw'n gwagio'r meddwl o bryderon y dydd ac yn rhoi dim yn eu lle. Dyna pam maen nhw fel cyffuriau a dyna pam rydw i'n gaeth iddyn nhw!

DIM TELEDU? MAM BACH!

Rydw i wedi byw heb deledu am flwyddyn union. Does neb yn coelio ond dydy o ddim yn fwriadol! Mae'r hen deledu wedi torri a dydyn ni byth wedi prynu un newydd. Mae teledu mor hanfodol i fywyd ag anadlu erbyn hyn ac mae pobl yn methu â deall sut y gallwn fyw hebddo!

Caf sgwrs fel hyn:
Ffrind: Pwy ti isio i ennill?
Fi: Wel, a deud y gwir dw i ddim yn gwbod am be ti'n siarad. Does gen i ddim teledu.
Ffrind: (yn edrych yn boenus) Ond ... ond ... fedrwn i ddim byw heb *I'm a Celebrity!* Well i ti gael un! Ti'n cofio ni'n gwneud hwyl ar ben Joe King yn yr ysgol?

Oeddwn, roeddwn i'n cofio Joe – y bachgen oedd yn swatio'i ben mewn llyfr pan oedd pawb arall yn sôn am y rhaglenni roedden ni wedi eu gweld y noson cynt. Y bechgyn yn trafod campau chwaraewyr pêl-droed a Joe, druan, allan ohoni.

Dro arall, rwy'n cael cwestiwn fel 'Arbrawf cymdeithasol ydy e?', neu mae pobl yn meddwl fy mod yn erbyn teledu. Dydw i ddim yn gallu gyrru car chwaith ond does neb wedi gofyn i mi a ydw i yn erbyn ceir! Am ryw reswm mae peidio â chael teledu yn eich tŷ yn broblem!

Ar wahân i weithio mae pobl yn treulio mwy o amser yn gwylio teledu na dim byd arall - ar gyfartaledd, am dair awr bob gyda'r nos. 'Mae'n gwneud i mi ymlacio,' meddai un ffrind i mi. Wnes i ddim trafferthu i'w chywiro ond yn ôl yr ymchwil *'Television and the Quality of Life'* mae'r rhai sy'n credu bod gwylio teledu yn eu hymlacio yn fwy ar bigau drain ar ôl gwylio teledu nag oeddent cyn hynny!

Efallai mai'r peth gwaethaf ynglŷn â pheidio â chael teledu yw bod fy ffrindiau yn meddwl bod Osian, fy mab, sy'n ddeunaw mis oed, yn cael cam.

'Wyt ti eisiau iddo fe deimlo'n wahanol i'w ffrindiau?' gofynnodd un ffrind. Geiriau cyntaf ei mab hi oedd 'Tomos' yn cael ei ddilyn gan 'Tanc'!

Wnes i ddim trafferthu i'w chywiro hithau chwaith, ond yn ôl Cymdeithas Paediatrics America ddylai plant dan ddwy oed ddim gwylio teledu. Mae'n gwneud drwg i'w gafael ar iaith a'u gallu i gyfathrebu â phobl. Mae plannu plentyn o flaen teledu yn ffordd wych o roi llonydd i'r fam ond go brin fod plentyn deunaw mis yn cael cam o beidio â gwylio teledu!

'Cofia di, maen nhw'n cymryd popeth i mewn – fel sbwnj,' dwrdiodd ffrind arall pan ddywedais nad oedd Osian yn ddigon aeddfed i allu dilyn rhaglen. Dyma'r ffrind sydd â set gyfan o *Baby Einsteins*, cyfres 'addysgol' o fideos sydd i fod i hybu ymennydd plant ifanc. Yn *Baby Neptune*, er enghraifft, mae Water Music, Handel, yn cael ei chwarae ac mae clawr y fideo yn addo mai 'dyma fydd profiad cyntaf eich plentyn o ddŵr'. Ond beth yw'r stwff yna mae Osian wrth ei fodd yn chwarae ynddo yn y bath bob nos?

Wrth i mi ddechrau teimlo mai fi sy'n iawn rwy'n darllen geiriau'r Athro Barrie Gunter sy'n seicolegydd y cyfryngau ym Mhrifysgol Sheffield. 'Mae pobl sy ddim yn gwylio teledu yn meddwl eu bod yn well na neb arall. Maen nhw'n edrych ar y cyfrwng fel rhywbeth israddol sy'n perthyn i bobl israddol. Mae hyn nid yn unig yn ffroenuchel a snobyddlyd ond mae hefyd yn dangos anwybodaeth am fanteision teledu. Dydy'r cyfrwng ddim yn berffaith, rwy'n cyfaddef, ond mae ganddo lawer i'w gynnig o ran adloniant a gwybodaeth i oedolion a phlant.'

Llawer i'w gynnig? Yn ôl 47% o'r rhai a ymatebodd i arolwg teledu Prydeinig eleni mae'r rhaglenni yn dirywio, ond dywedodd un a gafodd ei holi, 'Dw i'n hoffi gwylio pethau mae pobl eraill yn eu gwylio fel *Friends* a *The X-Files*. Mae'n gwneud i mi deimlo'n rhan o'r gymuned.'

Rhaid cyfaddef 'mod i rhwng dwy stôl. Dydw i ddim yn gyfforddus ymysg y rhai sy'n canmol teledu a dydw i ddim yn gyfforddus ymysg y rhai sydd yn erbyn teledu chwaith, gyda'u sloganau, 'Diffoddwch y Teledu! Gwnewch Rywbeth Creadigol! Ewch Allan am Ymarfer Corff!' Wn i ddim faint o wahaniaeth fyddai hynny'n ei wneud. Wedi'r cyfan, doedd gan fy nghyndeidiau i ddim teledu ond wnaeth yr un ohonynt dyfu i fod yn Picasso nac yn Nicole Kidman!

Fe brynaf deledu newydd ymhen ychydig. Does arna i ddim eisiau i Osian ddioddef fel y gwnaeth Joe.

 **TASG**

Ar ôl darllen 'Sothach Sebon – Y Tawelyddion Gorau' a 'Dim Teledu? Mam Bach!' atebwch y cwestiynau hyn:

1 Mae enghreifftiau o HIWMOR yn y ddau ddarn darllen.

Dewiswch 2 enghraifft o hiwmor o bob darn ac eglurwch pam mae'n effeithiol. Gallwch sôn am beth sy'n cael ei ddweud a sut mae'n cael ei ddweud.

Sothach Sebon – Y Tawelyddion Gorau

Enghraifft 1

_____

_____

Pam mae'n effeithiol?

_____

_____

Enghraifft 2

_____

_____

Pam mae'n effeithiol?

_____

_____

Dim Teledu? Mam Bach!

Enghraifft 1

_____

_____

Pam mae'n effeithiol?

Enghraifft 2

Pam mae'n effeithiol?

2 Mae BARN am deledu yn cael ei mynegi yn y ddau ddarn.

- Gwnewch restr o'r pwyntiau sydd o blaid teledu a'r pwyntiau sydd yn erbyn teledu yn y ddau ddarn.
- Nodwch pa dystiolaeth sydd gan y ddau awdur i gefnogi eu barn.

	O BLAID	TYSTIOLAETH	YN ERBYN	TYSTIOLAETH
Sothach Sebon - Y Tawelyddion Gorau				
Dim Teledu? Mam Bach!				

Ysgrifennwch araith gyhoeddus o blaid neu yn erbyn y testun

TAFLWCH Y TELEDU I'R BIN!

Bydd yn rhaid i chi wneud y canlynol:

- defnyddio technegau areithio e.e. cwestiynau rhethregol, cyfarch y gynulleidfa, ailadrodd;
- cael tystiolaeth;
- ateb yr wrth-ddadl.

ERTHYGL YN MYNEGI BARN

REAL AI PEIDIO?

Y testun rwyf am sôn amdano yw rhaglenni realiti. Tybed beth yw eich barn chi?

Dyma rai manylion cyffredinol am y sioe *Big Brother*. Mae **ennillwyr** y sioe yn cael gwobr o £100,000. Mae tua 25,000 yn **treial mynd** ar y sioe ond 14 sy'n cael **ei** dewis.

Mae sioeau realiti yn **gwneyd** pobl yn enwog ac **maen't** yn rhoi cyfle i **pobl** gyffredin. Bachgen ysgol cyffredin oedd Glyn Wise cyn iddo fod ar *Big Brother* ond wedyn roedd **gyda** rhaglen radio ei **hyn**. Mae ei fywyd wedi newid lot ar ôl *Big Brother*. Daeth Duffy yn ail ar y Waw Ffactor ac erbyn hyn mae hi wedi ennill y *Brit Awards*.

Mae rhaglenni realiti hefyd yn dangos i ni **syt** mae pobl anabl yn ddewr. Roedd Pete Burns yn dioddef o glefyd *Tourette's* ond roedd y rhaglen yn gwneud i ni sylweddoli ei fod yn dal i allu cario ymlaen gyda bywyd.

Mae rhai pobl yn dadlau bod gormod o regi ar y sioeau hyn oherwydd **os byddai** plant yn clywed **bysent** yn copïo. Fy **dadl** i ydy bod plant yn rhegi beth bynnag. **Mae'n** nhw'n clywed pawb yn ei wneud ac mae'n beth cŵl **yw** wneud.

Y pedwerydd **pwint** rwyf am sôn amdano yw bod **papyrau** newydd yn printio pethau diddorol am y cystadleuwyr. Dywedodd un papur fod Imogen Thomas wedi bod allan gyda **peldroediwr** enwog. Roedd hyn yn helpu'r papur i werthu.

Yn olaf, mae pawb sydd wedi bod ar y **rhagleni** yn dweud ei fod yn brofiad bythgofiadwy ac mae'r **faith** bod miloedd o bobl yn **gwatsiad** *Big Brother, The X Factor, Pop Idol* ac ati yn profi **ei** bod yn llwyddiannus.

Gillian Bruce

 TASG

1 Mae'r camgymeriadau sydd yng ngwaith Gillian mewn print trwm.

Cywirwch hwy i godi safon ei gwaith!

ARAITH GYHOEDDUS

DOES DIM BYD REAL MEWN REALAETH

Foneddigion a boneddigesau,

Ga i'n gynta ddiolch i chi am ddod yma heno. Am rwygo'ch hunain o fagned eich setiau teledu. Neu a ydych chi'n 'odd bods' y bobl hynny sy'n byw yn y byd real, y bobl sy'n deall be di be?

Ie, 'Teledu Realaeth' fydd y testun dan sylw am yr hanner awr nesa. Ond nid eu gwylio! Peidiwch â phoeni am hynny! Ac am label camarweiniol! Edrychwch mewn geiriadur a'r diffiniad gewch chi o *realaeth* ydy *'y cyflwr o fod yn wir ac yn ffeithiol, y peth go iawn neu ffaith'*. Pa wirionedd sydd yna mewn rhaglen sydd wedi cael ei sgriptio air am air? Y camerâu yn gwybod yn union pa siot i'w chymryd a'r sefyllfaoedd wedi eu trefnu? Swnio'n debyg iawn i ddrama yn tydi?

Teledu realaeth ydy rhywbeth fyddai wedi digwydd pe bai'r camerâu yno ai peidio fel rhyfeloedd, lawnsio pethau i'r gofod, chwaraeon, trychinebau, llofruddiaethau, ymosodiadau a dwsinau o ddigwyddiadau cyffredin o ddydd i ddydd. Nid rhywbeth ffug wedi cael ei drefnu! Nid un deg a phedwar o bobl hollol ddieithr yn byw gyda'i gilydd a'r Brawd Mawr yn eu gwylio fel rhyw fath o Dduw neu Satan!

Ydych chi wir yn credu, gyfeillion, y byddai cynhyrchwyr y rhaglenni realaeth yn dod yma heno ac yn ein gwahodd ni i gymryd rhan yn un o'u rhaglenni heb ymarfer o gwbl? Ac yna'n darlledu'r rhaglen heb ei golygu? Os ydych chi, mi goeliwch chi fod moch yn hedfan!

A dyna hanesion bywydau bob dydd unigolion a theuluoedd. Beth sy'n real mewn cael dynion sain a chamera, cynhyrchwyr, trydanwyr a chant a mil o gynffonau eraill yn eich dilyn o gwmpas eich cartref ac i'ch gwaith? Mae'n deledu difyr, siwr o fod. Ond yn syml, dim ond oherwydd fod saith deg pump y cant o'r hyn a welwn wedi ei sgriptio, ac mae pawb yn gwneud ei orau

Annotations:

Cyfarch y gynulleidfa

Agor yr anerchiad yn gwrtais

Hiwmor i ysgafnhau'r dweud

Defnydd helaeth o ebychnodau. Gall ebychnod ddangos sawl teimlad neu ymateb e.e. sioc, hwyl, syndod, siom. Maent yn creu naws ysgafn yma.

Cyfres o gwestiynau rhethregol. Maent yn sicrhau gwrandawiad ac yma mae'r un olaf yn cymryd yn ganiataol fod y gynulleidfa yn cytuno â'r areithydd.

Defnydd o ragenwau. Chi = ail berson lluosog. Mae'n ddull o gyfarch y gynulleidfa a'u gorfodi i wrando. Ni = person cyntaf lluosog. Mae'n cynnwys yr areithydd ac yn dangos ei fod ef yn un â'r gynulleidfa.

Gor-ddweud / gormodiaith. Dweud mwy na'r gwir er mwyn chwyddo'r sefyllfa a gwneud i bethau ymddangos yn well neu yn waeth.

glas i ddweud a gwneud y pethau mwyaf digrif a mwyaf cŵl. Ai dyma'r math o bobl ydyn nhw go iawn? Trwy'r amser, o fore gwyn tan nos? Os felly, dydyn nhw ddim yn real iawn! Fyddwn i ddim yn hoffi byw gyda nhw, fyddech chi?

<u>A beth am y sêr yna sydd wedi cwympo? Pobl sy'n neb erbyn hyn ond yn ceisio bod yn rhywun eto!</u> Y *Celebrities!* Druan ohonyn nhw! Gorfod llyncu llond bwced o bryfetach seimllyd a bron â llwgu eisiau bwyd! Piti ynte? HY! Y peth gwaethaf ynglŷn ag *I'm a Celebrity Get Me Out of Here* ydy bod y ffyliaid yn cael dianc o grombil Awstralia ac yn cael dod yn ôl i Brydain i fod yn enwog unwaith eto!

Gwawd. Gall godi gwrychyn y rhai sy'n gwrando. Ar y llaw arall gall wneud iddynt chwerthin. Mae'n gwneud i'r gynulleidfa ymateb mewn rhyw ffordd neu'i gilydd. Mae'n ysgafnhau araith.

Ond mae pobl yn cael eu rheoli gan y rhaglenni yma! Teuluoedd cyfan yn trefnu eu bywydau o gwmpas *Brat Camp, Beauty and the Geek, Wife Swap ....* A beth am *The Biggest Looser*? Erioed wedi ei weld fy hun, ydych chi? Ond dw i **yn** hoffi'r teitl! Tybed ai rhaglen am y rhai sy'n gwneud dim ond gwylio sioeau realaeth bob nos ydy hi?

Elipsau. Dangosant fod rhestr yn anghyflawn. Gall fod yn fwy effeithiol na rhestr am ei fod yn awgrymu fod y rhestr yn ddi-ddiwedd

Print trwm i ddangos y byddai'r areithydd yn pwysleisio'r gair.

Nac ydw wir, gyfeillion, dydw i ddim yn siŵr pa beth sydd fwyaf comic, eironi teledu realaeth ynteu'r bobl sy'n rhoi eu bywydau ar *hold* i wylio'r rhaglenni. Mae bywyd un o fy ffrindiau wedi ei draflyncu gan y rhaglenni yma. Mi fydd e'n recordio rhaglenni realaeth tra'n gwylio un arall yn fyw! A dydy e byth yn dod i ben â'u gwylio i gyd! Mae fel ci yn rhedeg ar ôl ei gynffon! <u>Pathetig</u>!

Y defnydd o un gair i gloi paragraff. Gall grynhoi cynnwys y paragraff neu farn areithydd/awdur.

Dyna, i mi, ydy *Reality TV Disorder!* Cyn belled ag y gwela i, unig realaeth y sefyllfa ydy bod cwmnïau teledu, cynhyrchwyr ac ati yn mynd yn gyfoethocach na chyfoethog tra bod <u>plant yn cael eu hanwybyddu, partneriaid yn mynd yn fwy-fwy unig a phenolau'r rhai sy'n gwylio yn mynd yn lletach!</u>

Triawd, sef rhestru fesul tri. Yn aml daw uchafbwynt y triawd yn yr olaf. Yma mae'r trydydd yn cyfeirio'n benodol at y rhai sy'n gaeth i raglenni realaeth, ac eto mae'n llawn hiwmor.

Unwaith eto, diolch i chi am ddod yma ac am fod yn effro i wir realaeth! Bywyd!

Diolch.

TASG

1 Mae rhai o'r technegau a ddefnyddiodd yr areithydd yn 'Does Dim Byd Real Mewn Realaeth' wedi eu labelu.
Astudiwch yr araith eto a labelwch fwy o enghreifftiau o'r nodweddion araith sydd ynddi.

2 Rydych wedi cywiro iaith Gillian yn 'Real ai Peidio?'. Ewch ati i newid ei gwaith hi yn araith gyhoeddus.

Bydd yn rhaid i chi wneud y canlynol:

• defnyddio ei dadleuon hi fel man cychwyn;
• ymestyn ei dadleuon gyda thystiolaeth;
• defnyddio'r technegau araith sydd yn 'Does Dim Byd Real Mewn Realaeth'.

PAPURAU TABLOID

Beth ydy papur tabloid? Enw arall ar y grŵp yma o bapurau newydd dyddiol ydy 'papurau poblogaidd'. Papurau sy'n apelio at y rhan fwyaf o bobl ydyn nhw. Maen nhw'n adrodd am wleidyddiaeth a newyddion rhyngwladol ond maen nhw'n cynnwys mwy o straeon lleol, mwy o luniau a mwy o hanesion am enwogion.

Mae'r iaith yn eithaf syml ac mae'r straeon yn fyr gyda llawer o luniau.

PAPURAU DALEN LYDAN

Yn y papurau dalen lydan mae mwy o newyddion manwl. Mae llai o luniau yma er bod llun anferth ar y dudalen flaen yn aml.

Y gwahaniaeth mwyaf rhwng y ddau fath o bapur ydy'r iaith a'r arddull. Mae iaith y papurau dalen lydan yn anoddach, y brawddegau yn fwy cymhleth a'r straeon yn cael eu hadrodd yn llai dramatig.

DAU BAPUR, DAU ADRODDIAD

AM LANAST!

Ysgubodd stormydd trwy Ogledd Cymru ddoe gan orlifo pentrefi, dadwreiddio coed a dinistrio pier hynafol.

Yn Sir Conwy cafwyd gwyntoedd o 60 milltir yr awr ac roedd yn pistyllio bwrw glaw. Gorfodwyd cannoedd o bobl oedd yn byw wrth y môr i adael eu cartrefi.

Cafodd 60 troedfedd o bier Bae Colwyn ei olchi i ffwrdd. Cafodd ei adeiladu ddiwedd y bedwaredd ganrif ar bymtheg.

Doedd dim cyflenwad trydan mewn sawl ardal am i linellau trydan gael eu torri gan goed wedi syrthio. Cafodd ffyrdd eu cau gan goed wedi syrthio hefyd. Cafodd dyn ei daro'n anymwybodol gan gangen o goeden yn Llanrwst.

Roedd llifogydd mewn tai yn Neganwy a bu'n rhaid i ddyn tân gael triniaeth mewn ysbyty wedi iddo gael ei daro gan don anferth yn Llandudno.

Bu'n rhaid i'r heddlu adael eu car yn Llandrillo wedi iddynt gael eu dal mewn llifogydd.

Neithiwr cafodd pobl eu symud o'u tai a'u carafanau ar yr arfordir wrth i'r perygl o lanw uchel achosi mwy o lifogydd.

EGSGLIWSIF

Newid hinsawdd yn arwain at fwy o lifogydd

Flwyddyn yn union ar ôl i lifogydd difrifol achosi trafferthion enbyd yno, mae ardaloedd yn Sir Conwy wedi cael eu taro am yr eildro.

Ysgubwyd pen draw pier Bae Colwyn i'r môr, gorlifwyd tai a bu'n rhaid symud ymwelwyr wrth i wyntoedd cryfion a glaw trwm chwipio trwy Sir Conwy ddoe.

Rhoddwyd rhybuddion o stormydd enbyd gyda gwyntoedd o nerth wyth o'r gogledd ddwyrain yn ôl llefarydd ar ran Asiantaeth yr Amgylchedd. Dywedodd llefarydd ar ran Heddlu Gogledd Cymru fod oddeutu 60 troedfedd o'r pier wedi cael ei olchi i ffwrdd ond doedd neb wedi cael ei anafu.

Bu'n rhaid i'r heddlu symud y bobl oedd mewn neuadd snwcer a'r rhai oedd mewn arcêd ar y pier. Bu'n rhaid i'r rhai oedd ym mharc carafanau Yr Hwylfa yng Nghonwy gael eu symud hefyd. Dywedodd llefarydd yr Asiantaeth mai cyfuniad o wyntoedd stormus, pwysedd isel a llanw ecwinocs oedd yn gyfrifol am y llifogydd.

Cyn y llanw uchel neithiwr cododd gweithwyr yr Asiantaeth amddiffynfeydd ar lan y môr yn Llandrillo yn Rhos. Cafwyd rhybudd llifogydd coch ar gyfer Deganwy a rhybudd melyn ar gyfer yr arfordir o Landrillo yn Rhos i Fae Colwyn. Roedd rhybudd melyn ar afon Conwy yn ogystal a dywedodd yr heddlu fod ffyrdd wedi eu cau oherwydd coed wedi syrthio.

Bu'n rhaid i fad achub fynd i'r môr i achub wyth llongwr oedd wedi mynd i drafferthion ger Conwy.

Digwyddodd y lifogydd union flwyddyn wedi'r achos diwethaf o lifogydd difrifol. Dywedodd llefarydd yr Asiantaeth eu bod wedi rhybuddio y gallasai newidiadau yn y tywydd arwain at fwy o lifogydd ym Mhrydain a'r wythnos hon maent wedi lansio ymgyrch rhybuddio gwerth £2m.

Mae gan yr Asiantaeth linell gymorth argyfwng 24 awr.

Y rhif yw 0845 988 1188.

TASG

Rydych wedi darllen dau adroddiad am yr un digwyddiad. Mae 'Am Lanast!' yn dod o bapur tabloid a 'Newid hinsawdd yn arwain at fwy o lifogydd' yn dod o bapur dalen lydan.

i)   Mae **IAITH** ac **ARDDULL** yr adroddiadau yn wahanol. Astudiwch hwy eto a:

*   nodwch gyda thic pa adroddiad sy'n cynnwys y nodweddion arddull a ganlyn;
*   rhowch enghraifft.

NODWEDDION ARDDULL	AM LANAST! (o bapur tabloid)	NEWID HINSAWDD YN ARWAIN AT FWY O LIFOGYDD (o bapur dalen lydan)
Paragraffau hir		
Paragraffau byr		
Berfau amhersonol		
Geirfa weddol syml		
Geirfa gymhleth, dechnegol		
Brawddegau byr		
Brawddegau hir		
Paragraff olaf – gwybodaeth ddiweddaraf		
Paragraff olaf – gwybodaeth adeiladol		
Amrywiaeth o batrymau brawddegol		
Patrymau brawddegol cyfyngedig		

ii)   Mae gwahaniaethau yng **NGHYNNWYS** y ddwy erthygl.

Dangoswch y gwahaniaethau drwy roi tic ac enghraifft yn y golofn berthnasol.

	AM LANAST! (o bapur tabloid)	NEWID HINSAWDD YN ARWAIN AT FWY O LIFOGYDD (o bapur dalen lydan)
Ffeithiau sicr		
Ffeithiau ansicr		
Manylion		

iii)   Mae gwahaniaethau yn **YMDDANGOSIAD (DIWYG)** y ddau adroddiad.

Dangoswch y gwahaniaethau drwy roi tic yn y colofnau perthnasol.

	AM LANAST! (o bapur tabloid)	NEWID HINSAWDD YN ARWAIN AT FWY O LIFOGYDD (o bapur dalen lydan)
Testun (y llythrennau) cywasgedig (agos at ei gilydd)		
Testun (y llythrennau) yn bellach oddi wrth ei gilydd		
Teitl mawr mewn bold		
Teitl llai mewn bold		
Lluniau		

iv)   Ar ôl dadansoddi'r ddau adroddiad ysgrifennwch restr o:

*   nodweddion papurau tabloid;
*   nodweddion papurau dalen lydan.

Rhestrwch y nodweddion o dan y teitlau canlynol:

*   iaith ac arddull;
*   cynnwys;
*   diwyg.

I'R LLYGAD

yc
Y Cymro

THE INDEPENDENT

golwg

Y·SELAR

Mae ffont teitl papur newydd yn cael ei ddewis yn fwriadol.
Dylai adlewyrchu'r cynnwys.
Mae yn apelio at gynulleidfa arbennig o ran oed, rhyw, dosbarth cymdeithasol a diddordebau.

TASG

1 Rhowch resymau i egluro pa mor addas neu anaddas yw'r penawdau canlynol o ran ffont a lliw.

PENNAWD	FFONT	LLIW
STRAEON YSBRYD		
ATEBION TECHNEGOL		
Amlosgfa		
ceir cyflym		
Trafferthion trydanol		

BETH SYDD MEWN LLIW?

Ydych chi'n cytuno â'r hyn sy'n cael ei ddweud yn y swigod?
Beth sy'n dod i'ch meddwl chi pan welwch chi'r lliwiau hyn?

Coch: Cymru, rhosyn, rhywiol, cariad, gwaed, rhyfel, perygl, poeth, cywilydd

Glas: môr, awyr, ehangder, cwsg, heddwch, tawelwch, oerni

Oren: hydref, machlud, disglair, ffrwythau

Llwyd: henaint, gaeaf, marwolaeth, urddasol

Arian: tlysau, gemwaith, modern, cyfoeth

Aur: brenhinol, cyfoeth, bywiog, crand, llachar, cynhesrwydd

Glas tywyll: plismyn, awdurdod

Du: marwolaeth, brain, soffistigedig, rhywiol, awdurdodol, gaeaf

Gwyrdd: glaswellt, coed, bywyd, tyfiant, eiddigedd, Iwerddon, gwisg filitaraidd, Y Nadolig (gyda choch), gwanwyn

Melyn: haul, hapusrwydd, cynhesrwydd, hwyl, haf

Brown: coed, syml, dibynadwy, cyfeillgar, gwledig

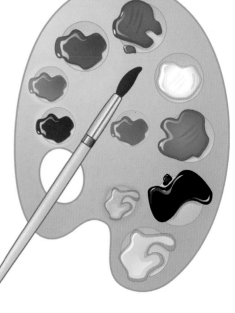

CHWARAE'N TROI'N CHWERW	idiom gyfarwydd
LAN Â NHW!	tafodiaith
ISTA'N BWL	tafodiaith + chwarae ar eiriau
CRASHIO CEIR	cyflythrennu + Cymreigio Saesneg
SEREN SEBON	cyflythrennu
I'R PANTS Y RHED Y DŴR	chwarae ar eiriau dihareb
YN ARA DEG MAE MYND YMHELL	dihareb
HOFFI COFFI	odl

TASG

2 Mae'r brawddegau isod yn perthyn i'r penawdau rydych newydd eu darllen.

- Gosodwch y brawddegau o dan y penawdau cywir;
- Eglurwch sut y daethoch i'ch penderfyniad.

i) Mae cwmni clytiau *Nappydry* wedi cynhyrchu cewynnau sydd yn sychu eu hunain.

ii) Mae Phyllis Brown o Ddolgellau yn byw bywyd hollol wyrdd. Pan deithiodd i China i weld ei gŵr sydd yn gweithio yno yr oedd hedfan yn erbyn ei hegwyddorion felly defnyddiodd sawl modd o deithio fel cwch, bws a thrên. Gallasai fod wedi hedfan yno mewn rhyw ddeg awr ond cymerodd ei thaith hi bedwar diwrnod.

iii) Cynhaliwyd cyfarfod cyhoeddus yn Aberteifi ddoe i drafod y broblem o or-yrru trwy'r dref.

iv) Nid yw ennill yn broblem i fois rygbi'r Gweilch!

v) Rhyfeddwyd y rhai a aeth i'r Bull ym Miwmares neithiwr pan welsant ...

vi) Yn ôl ymchwil ddiweddar mae mwy o ferched na dynion yn yfed coffi.

vii) Mae un o sêr amlycaf y gyfres gomedi 'Ticls' wedi cyfaddef ei bod yn dysgu geiriau ei sgript tra yn y bath.

viii) Bu sgarmes waedlyd ar gae pêl-droed Llantridwr ddydd Sadwrn pan ymosododd gôl-geidwad Pen-bryn ar un o chwaraewyr Llantridwr.

3 Mae'r frawddeg 'Rhyfeddwyd y rhai aeth i'r Bull neithiwr...' yn anorffenedig.

Gorffennwch yr adroddiad papur newydd gan gofio:
- dweud beth neu bwy welwyd;
- sut roedd y peth neu'r person yn edrych;
- sut y daeth yno;
- beth ddigwyddodd wedyn;
- defnyddio technegau adroddiad papur newydd, fel cael geiriau llygad dyst a defnyddio berfau amhersonol e.e. credir

	PAM DEWIS HYN
CHWARAE'N TROI'N CHWERW	
LAN Â NHW	
ISTA'N BWL	
CRASHIO CEIR	
SEREN SEBON	
I'R PANTS Y RHED Y DŴR	
YN ARA DEG MAE MYND YMHELL	
HOFFI COFFI	

PWYSAU AR AMSER POENUS

PRIN DDWYAWR AR ÔL CLYWED AM LOFRUDDIAETH EI CHWAER YN NWYRAIN LLUNDAIN ROEDD ANDREA PARKS YN CAEL EI PHOENI GAN OHEBWYR PAPURAU NEWYDD. YMA MAE'N DATGELU'R PROFIADAU POENUS A GAFODD.

Prin dwyawr wedi i'r ditectif alw yng nghartref fy rhieni i ddweud bod fy chwaer, Helen, wedi cael ei thrywanu i farwolaeth, dechreuodd pobl y wasg guro ar eu drws.

Roedd y stryd yn llawn o ddynion ifainc yn gwisgo siwtiau. Roedden nhw'n cymryd eu tro i guro ar y drws – bob deg neu ugain munud byddai un arall yn curo – ac roedden nhw'n crwydro'r stryd fel pla ac yn curo ar ddrysau gan obeithio cael unrhyw wybodaeth gan ein cymdogion.

Ar y dechrau, gan eu bod yn disgwyl ffrindiau a pherthnasau, byddai fy rhieni yn agor y drws ac yn gofyn yn gwrtais i'r gohebwyr adael. Yna cymerais innau drosodd ac wrth iddynt ddechrau dweud eu bod yn dod o ryw bapur neu'i gilydd byddwn yn cau'r drws yn glep yn eu hwynebau.

Wedyn dechreuodd y ffôn ganu. Roedd fy rhieni, oedd yn eu saithdegau, eto yn gwrtais ond roeddwn i'n corddi. Er ein bod mewn sioc ac mewn galar roedd disgwyl i ni chwarae'r gêm a chydymffurfio. Yr unig beth oedd arnom ni ei eisiau oedd llonydd.

Ond nid dyna oedd dymuniad y wasg. Roeddem dan warchae. Canai'r ffôn yn ddi-baid. Ar ôl i'r dynion fethu â chael ymateb gennym dechreuodd y merched. Wrth holi am ein teimladau roedd eu lleisiau yn gynnes ac yn felfedaidd ac yn awgrymu eu bod yn ceisio helpu ac yn cydymdeimlo â ni. Ond twyll oedd y cyfan.

Ymhen tipyn daeth merch ifanc flêr yr olwg at y drws. Cariai dusw o flodau. Doedd hi'n sicr ddim o'r wasg a thybiais mai un o'r cymdogion oedd. Fel yr oeddwn yn estyn fy llaw i dderbyn y blodau sylwais ei bod yn symud i ffwrdd yn araf a gwelais ddyn gyda chamera yr ochr arall i'r stryd yn ceisio tynnu fy llun. Clepiais y drws ar unwaith.

Drannoeth, pan oeddem allan yn yr ardd yn siarad gyda'n cymdogion cerddodd gohebydd yn hyderus i mewn i'r tŷ. Roedd yr heddlu yn mynd a dod a gan fod y dyn yma yn gwisgo siwt ac yn cario *briefcase* tybiem mai ditectif oedd. Pan ddeallais pwy oedd, buan y cafodd fynd.

Pan dderbyniodd y wasg nad oeddem yn fodlon siarad â hwy dechreuodd cardiau cydymdeimlad gyrraedd gyda negeseuon fel 'Os hoffech siarad am eich teimladau neu os hoffech siarad am Helen rydym yma i wrando' ac yna rhif ffôn. Roedd un papur newydd – na allaf ei enwi – yn targedu fy mam gan yrru blodau ati. Roedd hyn yn fy ngwneud yn gandryll a hithau'n mynd trwy gymaint o boen.

Roeddent hefyd yn gwneud ymchwil i'n hanes fel teulu. Yr unig ffordd y gallent fod wedi darganfod un darn o wybodaeth amdanaf oedd trwy fonitro fy nefnydd o'r rhyngrwyd. Roedd hyn yn gwneud i mi golli fy mhreifatrwydd.

Ymhen deuddydd, er fy syndod, gofynnodd yr heddlu i ni wneud datganiad i'r wasg gan eu bod yn mynd yn 'rhwystredig'. Roeddent yn rhoi cymaint o bwysau arnom nes i mi ddechrau meddwl bod yr heddlu yn cydweithio â'r wasg.

Fyddai siarad gyda'r wasg ddim yn helpu'r sefyllfa o gwbl. Roedd corff fy chwaer wedi ei ddarganfod ac roedd gan yr heddlu ddyn dan amheuaeth. Doeddem ni ddim fel rhieni Holly Wells a Jessica Chapman oedd yn dibynnu ar y wasg i'w helpu i ddarganfod eu merched.

Er hynny roedd disgwyl i ni siarad. Eglurodd yr heddlu fod llawer o ddiddordeb yn yr achos am fod Helen wedi cael ei llofruddio mewn ardal dawel a diogel a hynny heb reswm yn y byd. Pe byddem ni'n fodlon rhoi datganiad i'r wasg byddent yn rhoi llai o bwysau ar yr heddlu a golygai hynny y gallent roi sylw llawnach i'w gwaith. 'Credwch neu beidio, rydym ni yn eu casáu yn fwy nag yr ydych chi! Byddai rhoi ychydig o wybodaeth iddynt yn eu tawelu.'

A dyna fu'n rhaid i ni ei wneud. Roedd fel gwyrth! Diflannodd y wasg ac aeth y stori yn hen.

Rydw i'n aml wedi cael y cwestiwn, 'Pam nad oeddech chi'n fodlon siarad fel teyrnged i Helen?' Mae gen i sawl rheswm. Yn gyntaf, does wybod beth ymddengys yn y wasg. Gall gohebydd wyrdroi geiriau person a fyddai gen i ddim troed i sefyll arni.

Yn ail, roedd yn fater preifat. Byddai rhyddhau manylion am Helen yn hybu gwerthiant papurau newydd, rwy'n cyfaddef, ond doedd dim angen hynny ac ni fyddai wedi ein helpu ni fel teulu nac wedi helpu'r heddlu yn eu hymchwiliadau.

Felly pam rydw i'n siarad rŵan? Rydw i am i'r cyhoedd sylweddoli'r pwysau aruthrol sy'n cael ei roi ar deuluoedd pan fo trychineb yn digwydd. Wrth ddarllen adroddiadau gan deuluoedd mewn galar mae'n hawdd meddwl eu bod wedi mynd at y wasg o ddewis. Nid dyna'r gwir. Y wasg sy'n eu hela nes eu bod mor wan mae'n rhaid ildio.

 TASG

1 Ysgrifennwch draethawd yn trafod arddull yr erthygl gan ddilyn y pwyntiau hyn:

- Sut mae'r paragraff cyntaf yn egluro'r teitl?
- Pa 4 ffaith sy'n cael eu datgelu yn y paragraff cyntaf a pham?
- Pam mae'r geiriau 'Prin dwyawr' ar ddechrau'r paragraff cyntaf?
- Pa 2 ffaith ychwanegol sy'n cael eu datgelu yn yr ail baragraff?
- Mae'r erthygl yn adrodd y stori yn gronolegol. Pa eiriau sy'n cael eu defnyddio i ddangos dilyniant? Ydyn nhw'n effeithiol?

 **TASG**

Yn eich grŵp trafodwch y gosodiad:

Mae'r wasg yn byw ar fwynhad pobl o weld pobl eraill yn dioddef

HELP! DYDY POBL IFANC DDIM YN DARLLEN!

'Mae gan bobl ifanc heddiw fynediad i ddewis llawer mwy eang o ddeunyddiau darllen nag erioed,' yn ôl Honor Wilson Fletcher, cyfarwyddwr Blwyddyn Darllen Genedlaethol. 'Ac mae hyn oherwydd y cyfryngau digidol.'

Awgryma'r adroddiad *Read Up, Fed Up: Exploring Reading Teen Habits in the UK Today* fod pobl ifanc heddiw yn darllen deunyddiau gwahanol i'w cyndeidiau ac yn ymateb iddynt mewn ffordd wahanol. Ar y rhestr o'r hyn maent yn ei hoffi, daw cylchgronau a blogiau yn uwch na llyfrau a'r hyn maent yn cael eu gorfodi i'w darllen.

Efallai nad ydy geiriau caneuon a gemau cyfrifiadurol yn yr un cae â *War and Peace* gan Tolstoi ond maent yn rhan o'r arlwy darllen amrywiol sy'n cynnwys hen ffefrynnau yn ogystal ag ambell syrpreis.

Ar-lein y cafodd yr arolwg ei wneud ac, yn naturiol felly, roedd darllen deunyddiau ar-lein yn boblogaidd.

Er bod *Bliss* a *Heat* ar frig y deunydd poblogaidd, y pedwerydd ar y rhestr o ddeunyddiau sy'n cael eu casáu ydy 'darllen am enwogion tenau mewn cylchgronau'. Syndod arall yw bod llyfrau Harry Potter ar y ddwy restr – rhif 5 o'r deunyddiau mae pobl ifanc wrth eu bodd yn eu darllen a rhif 8 o'r deunyddiau sy'n gas ganddynt. Mae hen ffefrynnau fel *The Lion, The Witch and The Wardrobe* ar y rhestr o ddeunyddiau sydd at ddant pobl ifanc tra bod Gweplyfr (*Facebook*) ddim yn apelio.

Nid yw gweld 'Gwaith cartref' ar ben y rhestr o ddeunyddiau sy'n cael eu casáu yn syndod ond pam mae *Beano* a'r *Financial Times* yno? Un yn rhy fabïaidd a'r llall yn rhy aeddfed efallai?

Er bod gweld gwaith Shakespeare a llyfrau dros 100 tudalen ymysg y deunyddiau sy'n cael eu casáu yn achos pryder, mae gweld 'darllen fy mlog i fy hun a ffan ffuglen (*fiction fan*), yn rhif pedwar o'r hyn sy'n apelio yn galonogol. Mae'n awgrymu bod darllen ac ysgrifennu yn cael eu cyd-blethu.

Yn ffan ffuglen defnyddir cymeriadau a llinellau stori a gafodd eu creu gan rywun arall. Mae'r rhai sy'n defnyddio ffan ffuglen yn ysgrifennu golygfeydd neu sefyllfaoedd newydd o lyfr neu gyfres deledu neu ffilm. Yn aml iawn mae'r defnyddwyr yn anfon eu gwaith at grŵp bychan i gael barn. Wedyn, ar ôl i'r gwaith gael ei adolygu, caiff ei anfon at gynulleidfa ehangach. Dywedodd 80% o'r rhai gymrodd ran yn yr arolwg eu bod wedi ysgrifennu stori, drama, ffilm neu gân fel hyn.

A pha gasgliad allwn ni ddod iddo ar ôl darllen yr arolwg? Fawr ddim! Pobl ifanc oedd ar-lein atebodd y cwestiynau ac roeddent yn gwneud hynny o'u dewis eu hunain. Mewn gair, dim ond y rhai oedd â barn bendant y naill ffordd neu'r llall drafferthodd i ateb. A beth am y bobl ifanc oedd yn eistedd yn eu hystafelloedd gwely a'u cyfrifiaduron wedi eu diffodd? Efallai eu bod hwy wrthi'n darllen *War and Peace*!

READ UP: DEUNYDDIAU MAE POBL IFANC YN DWLU EU DARLLEN

1. Cylchgrawn *Heat*
2. Cylchgrawn *Bliss* + Geiriau caneuon ar-lein
3. Gemau cyfrifiadurol ar-lein
4. Fy mlog neu ffan ffuglen (*fan fiction*) fy hun ar-lein
5. Cyfres Harry Potter
6. Dyddiadur Anne Frank
7. Sgriptiau ffilm
8. Llyfrau gan Anthony Horowitz e.e. *Stonebreaker*
9. *The Lion, The Witch and The Wardrobe*
10. BBC ar-lein + Llyfrau gan Louise Rennison

FED UP: DEUNYDDIAU MAE POBL IFANC YN CASÁU EU DARLLEN

1. Gwaith cartref
2. Shakespeare
3. Llyfrau dros 100 tudalen
4. Darllen am enwogion tenau mewn cylchgronau
5. Y llyfrau rwy'n cael fy ngorfodi i'w darllen gan fy athrawon
6. Gwyddioniaduron (*encyclopaedia*) a geiriaduron
7. *Beano*
8. Cerddoriaeth (sgôr) + Cyfres Harry Potter + Mapiau/Cyfarwyddiadau
9. Gweplyfr
10. *The Financial Times* + Unrhyw beth mewn iaith arall

TASG

1 Mae'r arolwg yn cyfeirio at ddeunyddiau darllen Saesneg yn unig. Beth am i chi wneud arolwg darllen yn eich dosbarth i weld pa ddeunyddiau sy'n boblogaidd a pha rai sy'n amhoblogaidd.

- Gofynnwch i bob aelod o'r dosbarth wneud rhestr o'r deunyddiau darllen (Cymraeg a Saesneg) maent yn eu casáu fwyaf a rhestr o'r rhai maent yn eu hoffi fwyaf.
- Ewch trwy restrau disgyblion y dosbarth a gwnewch restr o'r 10 deunydd mwyaf poblogaidd a rhestr o'r 10 deunydd sy'n cael eu casáu fwyaf.

2 Ysgrifennwch adroddiad ar eich arolwg chi. Gallwch ddilyn patrwm 'Help! Dydy Pobl Ifanc Ddim yn Darllen'. Dylech gyfeirio at y pethau sy'n eich synnu.

3 Ysgrifennwch baragraff yn cymharu canlyniadau arolwg *Read Up*, *Fed Up* â chanlyniadau eich arolwg chi yn y dosbarth.

- Pa bethau sy'n wahanol?
- Pa bethau sy'n debyg?
- Pam?

COFIWCH DDEFNYDDIO GEIRIAU CYMHARU e.e.
Ar un llaw, Ar y llaw arall, Mae'r ddau arolwg yn debyg o ran ..., Mae'r ddau arolwg yn wahanol o ran ... , Tra bod ... , Ond ...

PWY SY'N ANLLYTHRENNOG?

Mae'n fis Medi unwaith yn rhagor. Dechrau tymor yr hydref, dechrau blwyddyn ysgol newydd. Ond yr un hen gân sy'n cael ei chanu! Dydy pobl ifanc ddim yn darllen! Maen nhw'n casáu Shakespeare a gwaith cartref, ond wrth eu bodd â chylchgronau iselradd a chwarae ar y cyfrifiadur. Dyna ganlyniad arolwg gan Blwyddyn Darllen Genedlaethol. Ydych chi wedi llewygu o sioc? Choelia i fawr!

Dychmygwch bennawd gan mlynedd yn ôl:

Plant yn treulio gormod o amser yn yr awyr iach yn chwarae cylchoedd.
Dylent gael eu cloi yn eu hystafelloedd i ddarllen er mwyn llwyddo yn y byd!

Rhaid i rywbeth gael ei feio trwy'r amser! Ac mae gan oedolion ym mhob oes ryw chwilen yn eu pennau ynglŷn â chael plant i ddarllen.

Roedd yn un o gas bethau fy mrawd pan oedd yn ddisgybl ysgol. Doedd darllen am anturiaethau ffug yn apelio dim ato a doedd darllen am ferch yn cael ei gwneud o flodau neu ddyn yn troi'n eryr jyst *not on*!

Bachgen *hands on* oedd o, wrth ei fodd yn tynnu injans yn ddarnau a datrys problemau tu mewn i fol cyfrifiadur. Ac i wneud hynny roedd yn rhaid iddo ddarllen cyfarwyddiadau a llyfrau cyfeiriol eithaf estynedig. Mae fy mrawd yn 38 oed rŵan ac yn beiriannydd sifil gyda'i gwmni llwyddiannus ac enwog ei hun. Mae'n gwneud llawer mwy o arian na fi ac roeddwn i'n cael fy nghyfri'n dda yn yr ysgol am fy mod yn hoffi darllen!

Roedd Cai, fy mrawd, yn cael ei gyfri'n dwp am ei fod yn casáu darllen nofelau ac ysgrifennu straeon. Dyna'r unig ffordd ymlaen yn ôl oedolion. Pryd wnân nhw sylweddoli bod darllen yn rhywbeth llawer ehangach na dim ond nofelau?

Chwarae gemau fideo sydd dan y lach ers tipyn o flynyddoedd bellach. Y plant bach druan yn gwastraffu amser gwerthfawr pryd dylen nhw fod yn darllen. Twp fyddan nhw! Ond pwy sydd yn dwp mewn gwirionedd? YR OEDOLION! Ewch chi ddim yn bell iawn ar gêm fideo fodern heb allu darllen! Ac mae rhai ohonyn nhw yn gofyn am andros o lot o ddarllen!

Dydy penawdau newyddion ddim yn dweud wrthych chi am gemau ffantastig Phoenix Wright ar Nintendo DS. Ar y rhain rydych chi'n chwarae rhan cyfreithiwr sy'n amddiffyn mewn achos llys swrrealaidd. Mae bron y cyfan yn digwydd trwy sgyrsiau ac mae'n rhaid i chi eu cofio a chwilio am bethau sy'n gwrth-ddweud ei gilydd cyn gweiddi 'Gwrthwynebiad!' mewn llys llawn pobl. Mi fyddwn i'n amcangyfrif bod un gêm Phoenix Wright yn cynnwys cymaint o waith darllen â nofel gyfan i blant.

Mewn gêm arall ar gyfer DS, *The Legend of Zelda: Phantom Hour Glass*, yn ychwanegol at ddarllen llawer o sgriptiau sgyrsiau mae'n rhaid ysgrifennu nodiadau ar eich mapiau (trwy gyffwrdd y sgrin â *stylus*) er mwyn gallu datrys y posau a llywio trwy demlau enbydus. Mae darllen y cliwiau a chymryd nodiadau er mwyn llwyddo yn rhoi llawer mwy o dân ym mol fy mab 11 oed na darllen ffeithiau diflas am y Normaniaid.

Dydy llythrennedd pobl ifanc ddim yn dirywio; symud i fannau nad ydy'r hen ffogis yn gwybod dim amdanyn nhw mae o. Symud i leoedd nad ydy'r hen yn eu deall fel gemau fideo neu negeseuon sydyn neu ysgrifennu mewn fforwm rhyngweithiol.

OND! Pa fath o ysgrifennu sydd yn y gemau? Dyna gwestiwn nesaf yr oedolion! Cytuno – mae'n amrywio. Yn union yr un fath â nofelau! Ond ydy ansawdd yn bwysig? O leiaf mae'r plant yn darllen ac yn mwynhau.

Dydy pob gêm ddim mor ddibynnol ar ddarllen, rwy'n cyfaddef, ac mae'n wir fod plant yn chwarae llawer o gemau lle maen nhw'n rasio ceir sgleiniog neu'n saethu *zombies* yn lympiau gwaedlyd gyda gynnau enfawr. Wel rhaid i bawb ymlacio rŵan ac yn y man. Byddai mynnu bod plentyn yn treulio ei holl amser yn ceisio gwella ei hun fel yr hoffai oedolion iddo wneud yn rhyw fath o gam-drin!

Mae un peth mor amlwg â thrwyn ar wyneb – dydy plant a phobl ifanc ddim yn peidio â chwarae gemau fel Zelda a Phoenix Wright am eu bod yn gofyn am sgiliau darllen. I'r gwrthwyneb, mae'r gemau yn gwobrwyo darllen. Tra bod ein gwleidyddion a'n harbenigwyr yn crafu pen ar sut i gael *buzz* allan o ddarllen mae Phoenix Wright a Zelda yn ei wneud yn barod.

Y trueni mawr ydy nad ydy o ddim yn digwydd yn y Gymraeg. Oes, mae gennym ni wefan lwyddiannus i *Sali Mali* a *Cyw*. Beth wedyn? Oes gemau Cymraeg i bobl ifanc? Pam nad oes dim? Pe byddai rhai ar gael a fyddai ein pobl ifanc yn eu defnyddio? Ydyn nhw wedi arfer gormod â'r rhai Saesneg? Mae'n hen bryd i ni fel Cymry symud gyda'r oes os ydym am ddenu plant a phobl ifanc i ddarllen Cymraeg. Wrth ddarllen pethau sydd at eu dant dydy plant ddim yn sylweddoli eu bod yn llwyddo yn y byd'. Hyd yma dim ond trwy'r Saesneg maen nhw'n gwneud hynny.

TASG

Ysgrifennwch SGWRS rhyngoch chi a pherson mewn oed.

Dydy'r person mewn oed yn gwybod dim am *iPods*, y rhyngrwyd, gemau cyfrifiadurol, *Wii*, *Game Boy*, *DS* ac ati.

Eich tasg chi ydy eu hegluro wrtho/wrthi.

Felly, chi fydd yn siarad fwyaf ond bydd y person mewn oed yn gofyn cwestiynau fel:

Beth ydy ...?
Faint mae ... yn ei gostio?
Pam ... ?
Eglura'n fwy manwl ...
Dydw i ddim yn deall ...
Dywed yn union ...
Esbonia ... ?
Sut mae ... ?
Beth ydy manteision ... ?
P'run ydy'r gorau ... ?

Gallwch ddechrau fel hyn:

Chi : Ry'ch chi'n anobeithiol Tad-cu! DS yw hwnna, nid game boy!
Jac : Paid â chwerthin ar fy mhen! Dw i'n gwybod mod i'n hen! Eglura wrtha i te! Beth yw'r gwahaniaeth rhwng y ddau?

FI A NHW

Delweddau o berffeithrwydd
a'u gwenau'n goleuo cloriau
Cosmo,
Hello
a *Sneak!*

Y gwallt yn fframio
wyneb siâp calon tlws
cyn llifo'n rhaeadr
dros ysgwyddau llyfn,
a dwy seren ddisglair yn mynnu sylw.
Croen hufennog -
heb bloryn, heb frychni
i anharddu'r llyfndra melfedaidd.

Y corff yn feddal, solet
heb fraster na bloneg.
Popeth yn gymesur
o wneuthuriad artist.

Edrych i'r drych.
Syllu a gweld ....
Gweld
bloneg a braster,
braster a bloneg
yn rholiau ar roliau
yn gwgu arnaf
a'm gwawdio'n greulon.

Cynhinion difywyd o wallt
a'r croen llwyd
yn llosgfynyddoedd o smotiau
yn barod i ffrwydro'n lafa o saim.

Syllu i'r llygaid marw a phell
a dianc.
Sgathru i'r tŷ bach
i chwydu'r swyn.

TASG

Ar ôl darllen y gerdd 'Fi a Nhw' atebwch y cwestiynau hyn:

1 Mae'r bardd yn disgrifio llun o fodel ar glawr cylchgrawn. Gan ddefnyddio eich geiriau eich hun disgrifiwch y fodel.

_____

_____

_____

_____

2 Sut ddarlun mae'r bardd yn ei weld ohono'i hun yn y drych? Disgrifiwch hi.

_____

_____

_____

_____

3 Mae CYFERBYNIAD cryf rhwng y llun o'r fodel a'r llun o'r bardd. Eglurwch yn fanwl effaith y cyferbyniadau hyn. Dylech drafod effeithiolrwydd technegau fel TROSIAD, AILADRODD, SAIN GEIRIAU.

i)
Y gwallt yn fframio
wyneb siâp calon tlws
cyn llifo'n rhaeadr
dros ysgwyddau llyfn

a

Cynhinion difywyd o wallt

_____

_____

ii)

Croen hufennog
heb bloryn, heb frychni
i anharddu'r llyfndra melfedaidd.

a

a'r croen llwyd
yn llosgfynyddoedd o smotiau
yn barod i ffrwydro'n lafa o saim.

iii)

Y corff yn feddal, solet
heb fraster na bloneg.
Popeth yn gymesur
o wneuthuriad artist.

a

Gweld
bloneg a braster,
braster a bloneg
yn rholiau ar roliau

4 Pam mae'r bardd wedi defnyddio'r gair 'swyn' i gloi'r gerdd? Oes awgrym o rywbeth arall yma?

5 Ydy'r gair 'swyn' yn addas i'w ddefnyddio gyda'r gair 'chwydu' yma? Pam?

6 Beth yw neges y gerdd?

YDYCH CHI'N EU DARLLEN?

SUGAR

Cylchrediad: 326,185
Oed cyfartalog y rhai sy'n darllen y cylchgrawn: 14.3
Geiriau cyffredin ar y clawr:
'Pam mae rhai bechgyn yn gaeth i snogio!', 'Bechgyn yn eu bocsers! Ohh!'
Y tu mewn:
'Y dydd o'r blaen gofynnodd fy nghariad i fi gysgu yn ei dŷ e pan fydd ei rieni i ffwrdd.'

COSMO GIRL

Cylchrediad: 188,249
Oed cyfartalog y rhai sy'n darllen y cylchgrawn: 14.5
Geiriau cyffredin ar y clawr:
'Ti a bechgyn a rhyw. Y cwestiynau na fedri di eu gofyn i neb arall! Mae'r atebion yma!'
Y tu mewn:
'Mae e eisiau rhyw 24/7. Rydw i'n ei garu ac mae arna i ofn ei golli.'

J-17

Cylchrediad: 134,433
Oed cyfartalog y rhai sy'n darllen y cylchgrawn: 15
Geiriau cyffredin ar y clawr:
'Canlyniadau arolwg rhyw! Y gwir na ddylech ddweud wrth eich rhieni.'
'Cusanwch yn hyderus! 7 ffordd i wneud iddo ddod yn ôl am fwy!'
Y tu mewn:
'Hoywon cyfrinachol ... aethom i fyny'r grisiau i gusanu.'

Byddai'n annheg cyhuddo golygyddion cylchgronau ar gyfer merched yn eu harddegau o fod ag un peth yn unig ar eu meddwl. Wedi'r cyfan maen nhw'n hoffi dillad o *Top Shop* ac ewinedd perffaith. Ond maen nhw'n rhoi llawer o sylw i ryw.

Ychydig flynyddoedd yn ôl ar y rhaglen *Grumpy Old Men* ar BBC2 cymharodd Bob Geldof y cyhoeddiadau hyn i hen ddynion yn cael mwynhad rhywiol gan ferched dan oed. Dywedodd, 'Ydyn nhw'n llai troëdig na dyn 22 oed yn dweud wrth ferch 11 neu 12 oed , "Rydw i'n mynd i siarad gyda ti am ryw." Pe bai sgwrs fel yna yn digwydd byddai'n cael ei hystyried yn anghyfreithlon.'

Ychwanegodd Bob, oedd â'i ferched, Pixie, Peaches a Fifi Trixibelle yn 13, 15 a 19 oed ar y pryd, 'Mae'r cylchgronau fel anifeiliaid rheibus yn chwilio am brae. Nid fy oed sy'n gwneud i mi deimlo fel hyn! Byddwn yn teimlo'n union yr un fath pe bawn yn ugain oed.'

Cafodd Bob Geldof ei gefnogi gan Robert Whelan, cyfarwyddwr Gofal Teulu ac Ieuenctid, 'Yr hyn sy'n fy nghorddi i,' meddai, 'ydy'r agwedd mai'r unig beth sydd gan ferched yn eu harddegau ddiddordeb ynddo ydy rhyw ac y dylent gael gwybod popeth amdano.' Ychwanegodd, 'Wedi'r cyfan nid cyhoeddiadau stryd gefn ydy'r rhain. Mae ganddynt gyfreithwyr sy'n gwybod pa mor bell y gallant wthio'r ffiniau.'

Dadleuodd Celia Duncan, golygydd *Cosmo Girl*, nad yw'r cylchgrawn yn gwneud merched yn ymwybodol o ryw cyn iddynt fod yn barod. 'Merched 14 a 15 oed sy'n darllen y cylchgrawn. Mae rhai sy'n 13 oed, rwy'n cyfaddef, ond dydyn ni erioed wedi derbyn llythyr gan rywun 12 oed. Ac rydyn ni'n derbyn tua 500 o lythyrau i'n colofn problemau bob wythnos.'

'Pobl broffesiynol yw *agony aunts*. Mae llawer o'n herthyglau am ryw yn cael cefnogaeth yr Adran Iechyd ac rydym yn dilyn y rheolau. Mae'r ymchwil rydyn ni wedi ei wneud yn dangos bod yr addysg rhyw sydd ar gael yn ein hysgolion yn chwit-chwat ac yn arwynebol. Dywed ein darllenwyr eu bod yn cael mwy o wybodaeth gennym ni.'

TASG

Ysgrifennwch draethawd yn MYNEGI BARN ar:

Mae cylchgronau i ferched yn eu harddegau yn arwain pobl ifanc ddiniwed i helynt.

Soniwch am eu hagwedd at y canlynol:
*   rhyw;
*   ffasiwn;
*   pwysau ac ymddangosiad.

HYSBYSEBU

Rydyn ni i gyd yn yr un cwch! Yn y bôn rydyn ni i gyd eisiau yr un peth! A dyna mae cwmnïau yn ei wybod wrth hysbysebu.

Yn y golofn gyntaf mae'r hyn mae pobl ei eisiau mewn bywyd (anghenion dynol). Yn yr ail golofn mae gwahanol fathau o hysbysebion ond nid ydynt yn y drefn gywir. Rhowch linell o'r ail golofn i'r angen dynol cywir yn y golofn gyntaf.

Anghenion dynol	Yr hyn sy'n cael ei hysbysebu
Yr angen i fyw yn hen	Hysbysebion am yswiriant, benthyciadau a banciau
Yr angen i deimlo'n ddiogel	Hysbysebion sy'n dangos lluniau o anifeiliaid del neu blant bach neu oedolion sy'n dioddef
Yr angen i ofalu am rywbeth	Hysbysebion am ddodrefn neu offer drud
Yr angen am sylw	Hysbysebion am nwyddau y gallwch eu rheoli fel ceir cyflym
Yr angen am gysylltiad neu gyfeillgarwch	Hysbysebion am fwydydd a diodydd iach
Yr angen am amlygrwydd	Hysbysebion am bethau fel deiet a ffasiwn yn defnyddio awydd pobl i fod yn boblogaidd
Yr angen i reoli	Hysbysebion am nwyddau harddwch yn chwarae ar yr angen i bobl sylwi arnom a'n hedmygu

CARTWNAU

3

Syniad gwych! Tardis solat a digon mawr i oedolyn gael chwarae Dr Who ynddo!

4

Rhaglen i bobl ifanc ydy hon. 5 gorchymyn ac mae'n pwdu!

TASG

1 Yn eich grŵp trafodwch y cartwnau fesul un a rhowch eich barn arnynt. Pa mor llwyddiannus ydyn nhw?

Cofiwch drafod:
- y llun;
- y capsiwn;
- y neges.

2 Pan fo cartŵn yn rhan o erthygl neu adroddiad dylai gyd-fynd â'r cynnwys. Rhowch grynodeb o gynnwys yr ysgrifennu fyddai'n cyd-fynd â'r cartwnau rydych wedi eu trafod.

 TASG

3 Does dim capsiwn o dan y cartwnau hyn.

i) Ysgrifennwch gapsiwn pryfoclyd, crafog neu eironig o dan y ddau ohonynt.
ii) Rhowch amlinelliad o'r hyn fyddai cynnwys yr erthygl neu'r adroddiad.

DIOGELWCH AR Y FFERM

Y gaeaf hwn derbyniodd pob ffermwr ym Mhrydain becyn o wybodaeth am ddiogelwch ar y fferm gan Adran Iechyd a Diogelwch y Llywodraeth.

Yn y pecyn roedd:
* llythyr;
* taflen o gyflwyniad a Chwlwm Addewid (cwlwm symbolaidd o gortyn bêls);
* pamffled yn rhybuddio ffermwyr o'r peryglon.

Awdurdod Gweithredol Iechyd a Diogelwch
Ffôn: 0800 141 2805
www.hse.gov.uk/makethepromise

Mr M Williams,
Fferm yr Hafod,
Llangian,
Gwynedd
LL53 8RS

Annwyl Mr Williams,
Rydym yn gwybod pa mor brysur yr ydych chi. Ond heddiw byddem yn hoffi dau funud o'ch amser i wneud rhywbeth pwysig iawn. Rydym yn gofyn i chi wneud addewid, addewid a all arbed eich bywyd neu fywyd rhywun arall sy'n golygu llawer i chi.

Rydych yn gwybod bod ffermio yn beryglus. Ond pan mae amser yn brin neu'r tywydd yn ddrwg mae pawb yn cymryd risg. Mae'n ddealladwy. Yr hyn sy'n annerbyniol ydy bod un person yn marw o ganlyniad i ddamwain ar fferm bron bob wythnos. Nid bywydau unigolion yn unig mae'r damweiniau hyn yn eu difetha. Maen nhw'n difetha teuluoedd cyfan. Maen nhw'n difetha ffermydd.

Rhaid i hyn ddod i ben

Dyna pam rydym yn ysgrifennu atoch heddiw. Eleni rydym yn gofyn i ffermwyr fel chi wneud addewid dyngedfennol. Addo dod adref yn ddiogel.

Dim ond chi fedr wneud yr addewid hon. Dim ond chi fedr ei chadw. Mae'n addewid personol - i chi eich hun, i'ch teulu ac i'r tir rydych yn ei ffermio. Rydych yn gwybod pa bethau fedr eich cadw'n ddiogel. Rydych yn gwybod sut orau i gyrraedd adref yn ddiogel - heno, nos yfory a phob noson o hyn ymlaen.

Ond rydym yma i'ch helpu

Rydym ni, Awdurdod Gweithredol Iechyd a Diogelwch, am eich helpu i gadw'ch addewid. Rydym wedi cyhoeddi 'Sut mae bywydau yn cael eu colli ar ffermydd Prydain' gan obeithio y bydd yn eich helpu i adnabod y peryglon ar eich fferm.

Rydym yn gwybod eich bod yn brysur ond gadewch i ni i gyd ddod at ein gilydd i wneud yn siŵr fod pawb sy'n gweithio ar fferm yn dod adref yn ddiogel.

Yn gywir iawn,

Judith Donovan
Cyfarwyddwr Bwrdd Iechyd a Diogelwch

 **TASG**

Pan ddaw pamffled neu daflen trwy'r post bydd llythyr o gyflwyniad yn dod gydag ef.

1 Yn y llythyr rydych newydd ei ddarllen, pa eiriau sy'n cael eu hailadrodd o hyd?

i)

ii)

iii)

Pam mae hyn yn digwydd?

_____

_____

_____

3 Sut mae awdur y llythyr yn dangos cydymdeimlad â'r ffermwr?

_____

_____

_____

4 Mae'r awdur wedi defnyddio triawdau (ysgrifennu rhestr o dri o bethau) yma. Beth ydyn nhw?

i)

ii)

iii)

Pam maen nhw yn y drefn hon?

_____

_____

RHYWBETH SYML I'CH HELPU I GADW EICH ADDEWID

Mae gweithio ar y tir yn galed. Mae rhywbeth yn galw drwy'r amser. Rydym yn deall nad diogelwch bob amser yw'r peth pwysicaf ar eich meddwl.

Dyna pam rydym wedi anfon y Cwlwm Addewid atoch. Mae'n rhywbeth bach i'ch atgoffa o'r peryglon rydych chi, eich teulu a'r rhai sy'n gweithio i chi yn eu hwynebu bob dydd. Rhywbeth bach i'ch atgoffa i ddod adref yn ddiogel.

Gosodwch e rhywle amlwg ar eich fferm, neu gosodwch e mewn man lle dylech chi gymryd ychydig bach mwy o ofal. Os ydych yn ei gael yn ddefnyddiol gallwn yrru mwy atoch.

Gosodwch hwn rhywle amlwg ar eich fferm i'ch atgoffa i gymryd gofal a dod adref yn ddiogel.

Cofiwch Addo . Dewch adref yn ddiogel.

TASG

Gyda'r llythyr derbyniodd pob ffermwr y daflen o gyflwyniad ac arni roedd Cwlwm Addewid wedi ei wneud o gortyn bêls.

1 Pa bethau sy'n cael eu dweud eto yma fel yn y llythyr?

i)

ii)

iii)

2 Pa beth newydd sy'n cael ei ddweud yma?

_____

_____

_____

3 Ysgrifennwch 2 frawddeg yn rhoi eich barn ar y llun. Gallwch sôn am y geiriau, y tir a'r coed, y Cwlwm Addewid a'r lliwiau.

_____

_____

_____

4 Ysgrifennwch frawddeg yn rhoi eich barn ar y logo Cofiwch Addo a'r lliwiau sy'n cael eu defnyddio.

_____

_____

_____

Bu farw ar ei ben ei hun bach

75 oed oedd pan fu farw.
Cafwyd hyd i'w gorff wedi ei sathru i
farwolaeth gan ei wartheg ef ei hun.

Eich helpu i gadw'ch addewid.

Mae eich addewid i ddod adref yn ddiogel yn bersonol. Mae'n addewid personol i'ch teulu, eich fferm a chi eich hun. Rydym yma i roi cefnogaeth i chi i gadw'ch addewid. Anfonwch am gopi o

Sut mae bywydau yn cael eu colli ar ffermydd Prydain.

I'ch helpu i adnabod y peryglon ar eich fferm rydym wedi cyhoeddi gwybodaeth am y marwolaethau damweiniol sydd wedi digwydd ar ffermydd Prydain rhwng Ebrill 1af, 2006 a Mawrth 31ain, 2008. Fydd y wybodaeth ddim yn ddymunol i'w darllen ond gall arbed eich bywyd.

Gofynnwch am fwy o Glymau Addewid os oes arnoch eu hangen.

Pwrpas y Clymau Addewid yw i'ch atgoffa o'r peryglon ar eich fferm. Os ydynt o help gallwch archebu hyd at 5 yn ychwanegol. Gadewch i ni wybod ar y ffurflen amgaeëdig, archebwch hwy ar-lein ar www.hse.gov.uk/makethepromise neu ffoniwch ni ar 0800 4 2805.

Byddwch yn ymwybodol o'r ffeithiau.

Mae'r wybodaeth y gallwn ei rhoi i chi yn cael ei huwchraddio'n gyson gan fod deddfwriaethau sy'n effeithio ar ffermwyr yn newid. Gwnewch yn siŵr eich bod ymhlith y cyntaf i'w derbyn.

Dim ond trwsio oedd e.

Roedd e'n gweithio ar do ysgubor pan lithrodd a syrthio trwy olau to plastig. Glaniodd ar y llawr concrit a bu farw ar unwaith.

Welodd e mohono'n dod.

Roedd yn 69 oed. Roedd e'n cario hen blastig lapio byrnau gwair ar balet. Gadawodd y *loader* mewn gêr. Trawodd ef o'r cefn gan ei wasgu yn erbyn y palet. Cawsant hyd iddo wedi mygu i farwolaeth.

Mae'r straeon gwir hyn i'w gweld yn 'How Lives are Lost on British Farms'. Mae teuluoedd y rhai fu farw yn byw gyda'r canlyniadau erchyll y funud hon. Nodwydd mewn tas wair yw'r rhain. Yn y deng mlynedd diwethaf mae 455 o bobl wedi marw yn ddiangen ar ffermydd Prydain. Mae hynny yn un farwolaeth drasig, ddiangen, bron bob wythnos.

Cofiwch Add♀. Dewch adref yn ddiogel.

Roedd e'n ddyn teulu

Cafodd ei ddal yng nghab y tractor pan lithrodd i'r pit slyri ar y fferm lle'r oedd ei deulu yn gweithio. Daethant o hyd iddo wedi boddi yn y pit slyri.

Digwyddodd mewn chwinciad

Roedd yn symud byrnau silwair pan syrthiodd un oddi ar y *loader*. Heb ffrâm ddiogelwch na chab doedd ganddo ddim gobaith. Bu farw o'i anafiadau.

Dim ond gwneud ei waith oedd e

Cawsant hyd iddo ar lawr ei sièd. Roedd wedi syrthio o ben ysgol wrth drwsio'r golau. Cafodd anafiadau difrifol i'w ben.

Digon yw Digon

Gosodwch hwn rhywle amlwg ar eich fferm i'ch atgoffa i gymryd gofal a dod adref yn ddiogel.

Gyda'n gilydd gallwn wneud yn siŵr fod pawb yn cyrraedd adref yn ddiogel ar ffermydd Prydain yn 2009. Gellir rhwystro damweiniau ar ffermydd – ac mae'n rhaid gwneud hynny. Ymunwch â ffermwyr eraill ar hyd a lled Prydain a gwnewch addewid i gyrraedd adref yn ddiogel.

Ffoniwch ni ar 0800 4 2805

... a dewch adref yn ddiogel, heno a bob amser.

Cofiwch Addo. Dewch adref yn **ddiogel.**

TASG

1 Yn y cyflwyniad i'r daflen mae rhai pethau'n cael eu hailadrodd. Beth ydyn nhw?

i)

ii)

iii)

2 Pa un o'r penawdau - Roedd e'n ddyn teulu, Digwyddodd mewn chwinciad, Dim ond gwneud ei waith oedd e , Dim ond trwsio oedd e, Welodd e mohono'n dod – sy'n eich denu fwyaf? Rhowch reswm.

3 Pa un sy'n eich denu leiaf? Rhowch reswm.

4 Mae pob hanesyn wedi ei ysgrifennu yn yr un math o arddull. Pa nodweddion arddull sydd yma? Rhowch enghraifft ac eglurwch pa mor effeithiol ydyw.

NODWEDD	ENGHRAIFFT	PA MOR EFFEITHIOL

5 Pa hanesyn yw'r un mwyaf trist yn eich barn chi? Pam?

_____

_____

_____

6 Ysgrifennwch 2 frawddeg yn rhoi eich barn ar y lliwiau a'r lluniau sydd yn y daflen.

_____

_____

_____

HELÔ BAWB!

Ar ôl gorffen ei chwrs Lefel A aeth Nia Griffith i Zambia a Malawi gyda grŵp o ddisgyblion o Ysgol Syr Hugh Owen ac Ysgol Syr Thomas Jones. Trefnwyd y daith, oedd yn parhau am fis, gan *World Challenge*. Yn ogystal â gwneud gwaith project yn ysgol Itala roedd y grŵp yn trecio trwy diroedd anodd.

Nid oeddent yn cael mynd â ffôn symudol gyda hwy ac anaml iawn roeddent yn gallu ffonio adref. Gallent gysylltu â'u rhieni trwy e-bost pan oedd cyfrifiadur ar gael.

Dyma bytiau o negeseuon e-bost Nia at ei rhieni. Enw cartref Nia yw Hendre ac enwau ei brawd a'i chwaer yw Iwan a Gwenno. Bedair blynedd cyn hynny roedd Gwenno wedi bod ar yr un daith â Nia.

E-BOST 1

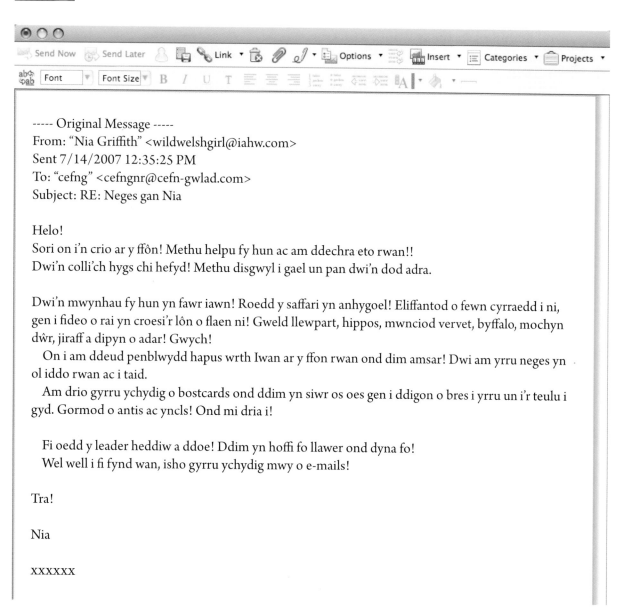

----- Original Message -----
From: "Nia Griffith" <wildwelshgirl@iahw.com>
Sent 7/14/2007 12:35:25 PM
To: "cefng" <cefngnr@cefn-gwlad.com>
Subject: RE: Neges gan Nia

Helo!
Sori on i'n crio ar y ffôn! Methu helpu fy hun ac am ddechra eto rwan!!
Dwi'n colli'ch hygs chi hefyd! Methu disgwyl i gael un pan dwi'n dod adra.

Dwi'n mwynhau fy hun yn fawr iawn! Roedd y saffari yn anhygoel! Eliffantod o fewn cyrraedd i ni, gen i fideo o rai yn croesi'r lôn o flaen ni! Gweld llewpart, hippos, mwnciod vervet, byffalo, mochyn dŵr, jiraff a dipyn o adar! Gwych!
   On i am ddeud penblwydd hapus wrth Iwan ar y ffon rwan ond dim amsar! Dwi am yrru neges yn ol iddo rwan ac i taid.
   Am drio gyrru ychydig o bostcards ond ddim yn siwr os oes gen i ddigon o bres i yrru un i'r teulu i gyd. Gormod o antis ac yncls! Ond mi dria i!

   Fi oedd y leader heddiw a ddoe! Ddim yn hoffi fo llawer ond dyna fo!
   Wel well i fi fynd wan, isho gyrru ychydig mwy o e-mails!

Tra!

Nia

xxxxxx

TASG

Ar ôl darllen e-bost Nia atebwch y cwestiynau hyn:

1 Beth yw cyfeiriad e-bost Nia?

2 Beth mae ei chyfeiriad e-bost yn ei ddweud wrthych amdani?

3 I ble mae hi'n anfon yr e-bost?

4 Pam oedd Nia'n crio ar y ffôn?

5 Pa anifeiliaid welodd hi ar y saffari?

6 Mae'r e-bost wedi ei ysgrifennu mewn iaith lafar. Ailysgrifennwch y paragraff cyntaf a'r trydydd paragraff mewn iaith safonol. Bydd y paragraff cyntaf yn dechrau fel hyn:
Mae'n ddrwg gen i fy mod i'n ...

7 Os yw iaith lafar yr e-bost yn wahanol i'ch iaith lafar chi ailysgrifennwch ef yn eich iaith lafar chi.

E-BOST 2

----- Original Message -----
From: "Nia Griffith" <wildwelshgirl@iahw.com>
Sent 7/19/2007 11:17:22 AM
To: "cefng" <cefngnr@cefn-gwlad.com>
Subject: RE: Helo Hendre

Haia Hendre!

Dwi yn Itala wan. Ma'r ysgol yn wych! Y plant mor garedig a chwrtais! Pan gyrhaeddon ni odd y plant hynaf yn canu i ni! Oeddan nhw mor dda! Wedi cael fideo o hynna hefyd! Ma'r plant mor hapus yma! Ma rhai heb esgidiau bechod, dwi just a rhoi'r sandals hyll ma i nhw! Nes i ddysgu mathemateg i blwyddyn pedwar ddoe, dipyn yn scary i ddechrau ond yn iawn wedyn! Y plant yn dallt fi dwi'n meddwl. Wel on i'n gofyn "do you understand?" ac oeddan nhw'n deud "yes!" Ond dwi ddim yn siwr os oeddan nhw'n dallt go iawn!!

Dwi'n edrych ymlaen at yr hyg special yn barod!! Dwi'n crio wan!! Neshi grio yn yr ysgol y diwrnod cyntaf pan welon ni'r adeilad nath Gwenno adeiladu, ddim yn siwr pam!! Yn yr adeilad yna on ni'n dysgu!

Dwi ddim yn edrych ymlaen at y trek wythnosau nesa ma! Ma ffer fi'n dal yn brifo ychydig, dwi ddim yn gwybod be ydw i wedi neud iddi ond sa well i fi gael x-ray pan ddoi adra! Ar ol rhoi'r cit pel-droed a'r cit netball i'r plant ddoe roedd raid i ni chwarae yn erbyn nhw. On i'n rhedeg o gwmpas y cae a doedd fy ffer i ddim yn brifo rili, dwim yn gwbod be sy'n bod! Od iawn!

Edrych ymlaen at ddod adra rwan a cael bath cynnes! Dan ni gyd yn teimlo braidd yn fudur, heb gael shower ers dydd Sadwrn!

Dwi'n edrych ymlaen at gael tarten cyraints duon! Oh ia, ac i swpar dwi isho gammon, chips, salad, pineapple a wy plis, gammon mawr neis efo lot o fat!!!!!! Wedi bod yn breuddwydio amdano ers dyddiau!! Ha ha!!

Gobeithio bydd y defaid a Siani yn nabod fi pan ddo i adra!
Tra. Hygs a swsus mawr.

Nia
xxxxxxxxxxxxxxxxxxxxxxxxxxxxxxxxxxxxxxxxxxxxxxxxxxxxxxxxxxxxxxxxxxxx

 **TASG**

Ar ôl darllen e-bost 2 atebwch y cwestiynau a ganlyn:

1 Wnaeth Nia fwynhau ei hun yn yr ysgol?

2 Rhowch 2 reswm dros eich ateb.

i)

ii)

3 Pam, yn eich barn chi, wnaeth Nia grio pan welodd hi'r adeilad roedd Gwenno, ei chwaer, wedi helpu i'w adeiladu?

4 Pa bethau mae Nia yn edrych ymlaen atynt pan ddaw adref?

i)

ii)

iii)

iv)

5 Pwy, yn eich barn chi, yw Siani?

6 Pam nad yw Nia yn egluro pwy yw Siani?

7 Mae sawl gair Saesneg yn yr e-bost. Cyfieithwch unrhyw 10 ohonynt i'r Gymraeg.

E-BOST 3

To: wildwelshgirl@iahw.com
CC:
Date: Sat, 21 Jul 2007 01:22:19 +0000
From: cefngnr@cefn-gwlad.com
Subject: Re: Helo o Hendre

Hi Ni

Braf iawn cael dy hanes di a gawn ni weld am y gammon, etc......!! Dim problem gyda'r darten – dwi 'di cwco 6 erbyn hyn. Wnawn ni drio peidio bwyta nhw i gyd cyn i ti ddod adre!! Sa i moyn gweld cyrens am sbel nawr.

Mae wedi bwrw'n drwm drwy'r dydd. Dim gobaith garddio. Gwaeth yn Llanelwedd – y teledu'n dangos y cae sioe gyda pyllau mawr o ddŵr yn barod. Mae'n beryg mai wellies fydd hi am yr wythnos! Popeth fel arfer yma gyda fi i lan hanner y noson yn trio cwco a chael pethe'n barod!

Iwan 'di dod adre o'r coleg heno a dechre gwitho yn y Ganolfan Hamdden ddydd Sul – tipyn o arian poced dros yr haf. Gwenno'n dweud ei bod am helpu fory ond mae hi'n brysur yn paratoi ar gyfer y sioe gyda'r Clwb Ffermwyr Ifanc!

Heb gael dy garden post di eto. Paid â phoeni os na elli di anfon at weddill y teulu ond rydw i'n siŵr y bydden nhw'n hoffi cael un os bydd gen ti arian ar ôl.
Gyda llaw Nicky aeth allan ar 'Big Brother' heno. Mae o'n ddiflas iawn dyddie yma.
Cymer ofal a mwynha'r trecio'r wythnos nesa. Edrych ymlaen at gael mwy o hanes.
Cariad MAWR!!!
Mam, Dad, Gwenno ac Iwan

XXX

E-BOST 4

-----Original Message-----
From: "Nia Griffith" <wildwelshgirl@iahw.com>
Sent 7/19/2007 11:17:22 AM
To: "cefng" <cefngnr@cefn-gwlad.com>
Subject: RE: Helo o Hendre

Helo!!
Braf clywed chi hefyd!!
Neshi ddim mwynhau'r trecio o gwbl!!!!!!! Roedd hi yn ofnadwy o boeth a pawb yn chwysu fel moch!!
Roedd y golygfeydd yn wych ond methu meddwl am ddim byd heblaw am fynd adra neu bod yn Royal Welsh!! Mae Ffion (yr athrawes o Amlwch) yn mynd yno bob blwyddyn hefyd a roedd hi'n trio codi fy

nghalon wrth ddweud "ma siwr bod hi'n bwrw yn fana eniwe a ti yn yr haul!" Ddim rili yn gweithio!!

Sut dywydd oedd hi yn y sioe? Y teulu i gyd yna?

I fod i neud trek arall i Malawi wythnos nesaf ond pawb yn gwrthod achos bod yr un cyntaf rhy anodd!!

Wedi bod yn trafeilio o Bridge Camp i Chipata heddiw, bron i 6 awr o siwrne! I fod i gael mini bus rosa (mini bus reit fawr) ond cael mini bus bychan iawn! Dim lle i fagiau pawb yn y bws so oedd rhaid i'r rhan fwyaf fynd ar ben to!!! Ofn colli fy magiau! Y dreifar yn gyrru fatha nytar!!

Methu disgwyl i ddod adra!!
Cariad ANFERTH i bawb!!
Nia
XXXXXX

E-BOST 5

To: wildwelshgirl@iahw.com
Date: Fri, 27 Jul 2007 20:04:28 +0000
From: cefngnr@cefn-gwlad.com
Subject: Re: Helo o Hendre

Hi Ni
Glaw, glaw, glaw yn y sioe. Wedi dod drwy do'r sied fawr ac afon yn rhedeg drwy'r sied i rai o'r stondinau.

Dim ond nos Sul aeth Gwenno i'r 'Young Peoples' a daeth adref yn fwd o'i phen i'w thraed. Gei di hwyl yn sbio ar y lluniau!

Roedd yn rhaid i ni gael tractor i dynnu ni i fewn i'r cae carafannau ac allan - mwd i fyny at waelod y garafan.

Ti'n lwcus dy fod ti yn yr haul yn Zambia ond dan ni wedi cyrraedd adref yn saff a Mam efo llwyth o olchi.

Pawb yn holi amdanat ti ac yn cofio atat ti yn y sioe.

Falch o glywed bod ti wedi cyrraedd y camp yn saff. Tria edrych ymlaen at gyrraedd Llyn Malawi – dw i'n siwr bydd y ddwy goes glec yn barod i wneud un ymdrech arall! Ond edrycha ar ôl dy hun!

Nôl wrth fy nesg fory ond gobeithio clirio'r sied ddefaid gyda'r nos.

Edrych ymlaen at dy weld ti'n fuan

Cariad ANFERTHOL !!!!!!!!!

Dad a Mam a Gwenno ac Iwan
XXXXXX

TASG

Ar ôl darllen y 5 e-bost atebwch y cwestiynau a ganlyn:

1 Pwy, yn eich barn chi, sydd wedi ysgrifennu e-bost 3? Pam rydych chi'n dweud hyn?

_____

_____

2 Pwy, yn eich barn chi, sydd wedi ysgrifennu e-bost 5? Pam rydych chi'n dweud hyn?

_____

_____

3 Pa wahaniaeth sydd rhwng iaith Nia ac iaith ei mam? Eglurwch y gwahaniaethau a rhowch enghreifftiau.

_____

_____

_____

4 Pa wybodaeth ydych chi wedi ei chael am deulu Nia? Soniwch am:

i) Ble maen nhw'n byw (y wlad/y dref) a sut rydych chi'n gwybod.

_____

_____

_____

ii)   Diddordebau ei mam a'i thad

iii)   Y math o wyliau maen nhw'n ei gael

iv)   Bywyd Gwenno ac Iwan

5   Pa un o'r 5 e-bost yw'r mwyaf diddorol yn eich barn chi? Rhowch resymau.

6 Astudiwch iaith ac arddull e-byst Nia ac e-byst ei rhieni. Yna:

- rhowch enghreifftiau o'r nodweddion yn yr ail golofn;
- rhowch y ffurf safonol yn y golofn olaf.

	Enghraifft	Safonol/Cywir
Cystrawen lafar		
Camgymeriadau sillafu		
Atalnodi yn llac		
Treiglo yn cael ei anghofio		
Tafodiaith		
Defnydd o Saesneg		
Saesneg wedi ei Gymreigio		
Iaith lafar		
Geiriau'n cael eu gadael allan		

E-BOST PERSONOL

Pa ffurf sydd i e-bost?
Mae e-bost yn gyfuniad o sgwrs ffôn a llythyr.

Beth yw cynnwys e-bost?

Yn union fel sgwrs ffôn neu lythyr mae e-bost yn:
*   cyflwyno gwybodaeth;
*   cyfleu teimladau;
*   ymateb i wybodaeth.

Sut iaith sydd mewn e-bost?
*   Llai ffurfiol na llythyr. Does dim angen ysgrifennu cyfeiriadau a dyddiad oherwydd mae enw'r gyrrwr, y dyddiad, yr amser a'r pwnc yn cael eu nodi ar y sgrin.
*   Mae cystrawen (trefn geiriau) y brawddegau yn debyg i rai llafar e.e. Nesh i grio.
*   Yn aml nid yw camgymeriadau sillafu yn cael eu cywiro.
*   Mae'r atalnodi yn llac.
*   Mae'r treiglo yn cael ei anghofio e.e. a cael.
*   Tafodieithol e.e. carden, cerdyn, cyrens, cyraints.
*   Defnydd o Saesneg neu Saesneg wedi ei Gymreigio e.e.Royal Welsh, eniwe.
*   Iaith lafar e.e. fatha.
*   Geiriau'n cael eu gadael allan e.e. Ma ffer fi.

DWEUD DIOLCH

Ar ôl dychwelyd adref o Zambia gyrrodd Nia e-bost at *World Challenge* i ddiolch iddynt am drefnu'r daith.

----- Original Message-----
From: "Nia Griffith" <wildwelshgirl@iahw.com>
Sent 7/19/2007 11:17:22 AM
To: worldchallenge.com
Subject: RE: Gwyliau yn Zambia

Hoffwn ddiolch o galon i chi am drefnu'r daith i Zambia. Cefais brofiadau gwych ac anhygoel yno. Dysgais lawer o sgiliau newydd fel sut i arwain, sut i ddyfalbarhau o dan amgylchiadau anodd a sut i gydweithio fel tîm. Rhoddodd y profiad o ddysgu'r plant wefr i mi a gwnaeth i mi sylweddoli pa mor ffodus wyf.

Yn wir doedd yr un eiliad ddiflas trwy'r holl daith. Roedd popeth wedi ei drefnu'n drylwyr ac roeddech wedi gwneud yn siwr nad oedd gennym amser i hiraethu am adref.

Heb eu henwi'n bersonol, hoffwn pe baech yn trosglwyddo fy niolch i'r arweinyddion am eu gofal drosom. Doedd dim yn ormod ganddynt ei wneud i ni.

Diolch unwaith eto am daith fythgofiadwy.

Yn gywir iawn,
Nia Griffith (Ysgol Syr Hugh Owen)

TASG

1 Mae'r e-bost a yrrodd Nia at *World Challenge* yn ffurfiol.

Astudiwch ef yn fanwl ac eglurwch y gwahaniaethau rhwng iaith ac arddull e-bost anffurfiol at ffrind neu deulu ac e-bost ffurfiol at/gan gwmni neu ynglŷn â gwaith.

	IAITH + enghreifftiau (e.e. bratiaith/safonol/ tafodieithol)	ARDDULL + enghreifftiau (e.e. cymariaethau/ ebychnodau)
e-bost ffurfiol		
e-bost anffurfiol		

2 Pa wahaniaethau sydd rhwng cynnwys a naws e-bost ffurfiol ac anffurfiol?

_____

_____

_____

3 Ym mha ffordd mae cynnwys e-bost Nia at *World Challenge* yn wahanol i gynnwys yr e-byst at ei rhieni?

_____

_____

_____

POBL Y LLYFRAU

Yn eisiau:

Person ifanc brwdfrydig sy'n fodlon gweithio ym mhob adran o'n busnes llewyrchus. Bydd cyfle i gael hyfforddiant mewn sawl maes. Rydym yn gwmni sy'n prynu ac yn gwerthu pob math o bapur a llyfrau.

Rydym yn cynnig gwaith i berson ifanc sydd â'r nodweddion canlynol:
- parod i deithio;
- parod i gael ei ddysgu;
- gallu gwrando ar gyfarwyddiadau;
- dymunol ac yn weithiwr cydwybodol/ weithwraig gydwybodol.

Cysylltwch â ni trwy lythyr:

Pobl y Llyfrau,
Stâd Ddiwydiannol y Fro,
Aberwastad
LL53 7GH

Llys y Delyn,
Maes newydd,
Aberwastad
LL53 7GH

Mehefin 7ed, 2009

Y Rheolwr,
Pobl y Llyfrau,
Stâd Ddiwydiannol y Fro,
Aberwastad
LL53 7GH

Annwyl syr,
Darllenais eich hysbyseb yn *Y Journal*, Mehefin 5ed ac mae genyf diddordeb mawr yn y swydd. Rydw i'n 16 oed a byddaf yn gadael Ysgol Uwchradd yr Aber yr hâf hwn ar ôl gorffen fy arholiadau TGAU.

Rydw i'n gwneud Cymraig,Seusneg, Mathamateg, CDT, Deuaryddiaeth a Gwyddoniaeth ac Ymarfer Corf. Dydyw i ddim yn meddwl y bydda i'n cael graddau uchel iawn ynddyn nhw ond rydw i wedi gwneud gwaith da arall yn yr ysgol Rydw i wedi ennill gwobrau aur ac arian yn Gwobr Dug Caeredin am ddringo. Rydw i hefyd yn eulod o dim peldroed yr ysgol a tim criced yr ysgol.

Fyn niddordebau ydy chwaraeoon o bob math, dringo mynyddoedd a teithio. Dydw i ddim wedi cael cyfle i deithio llawer eto ond rydw i'n hoffi darllen amdan leoedd eraill ac fe hofai fi deithio ar ol i mi dechrau ennill cyflog.

Rydw i'n perthyn i Glwb Ieuentid Bro Aber ac ar y pwyllgor sy'n trefni'r rhaglen.

Os dydw i ddim yn cael gwaith nawr rydw i am fynd i'r chweched dosbarth neu i Coleg yr Aber. Ond mi fasa'n well gen i gael gwaith er mwyn iddyf fi gael dechrau dysgu syt i wneud pethau wahanol. Dyna pam rydw i'n gobeithio cael cyfweliad gennych chi.

Cofion cynnes,
Gethin Thomas

5, Tan y Maes,
Yr Alun,
Aberwastad
LL53 7GH

Mehefin 8fed

Y Rheolwr,
Pobl y Llyfrau,
Stâd Ddiwydiannol y Fro,
Aberwastad
LL53 7GH

Annwyl Syr,
Rydw i'n 17 oed a newydd orffen cwrs blwyddyn o 'Astudiaethau Busnes' yng Ngholeg
Technegol Aberwynt. Llynedd, yn Ysgol Uwchradd yr Aber enillais y graddau a ganlyn yn
TGAU:
Cymraeg – Gradd C
Seusneg – Gradd E
Mathemateg – Gradd C
Gwyddoniaeth – Gradd D
Hanes – Gradd D
Gofal Plant – Gradd C
Daearyddiaeth – Gradd C

Rydw i wrth fy modd yn teithio ac rydw i wedi bod yn y rhan fwyaf o wledydd Ewrop gyda fy
nheulu.

Rydw i'n dod ymlaen yn dda gyda bron iawn pawb ac rydw i wedi gwneud llawer o
bethau yn yr ysgol ble cefais gyfrifoldebau.

Yn y coleg rydw i'n aelod o Bwyllgor Cymdeithasol y Myfyrwyr.

Gobeithio gwnewch chi ystyried fy nghais a rhoi cyfweliad i mi,

Yn gywir,
Lisa Roberts

TASG

Fel y gwelwch, mae Gethin Thomas a Lisa Roberts wedi ysgrifennu llythyr cais am y swydd yn 'Pobl y Llyfrau'.

1 Mae llawer o gamgymeriadau iaith yn llythyr Gethin. Dewiswch 12 camgymeriad o wahanol rannau o'r llythyr. Rhowch y camgymeriad yn y golofn gyntaf a'r ffurf gywir yn yr ail golofn.

CAMGYMERIAD	FFURF GYWIR

2 Yn y grid isod gwnewch sylwadau ar y ddau lythyr cais o dan y penawdau:

- gosodiad y llythyr e.e. dyddiad, diweddglo, cyfeiriadau;
- faint o wybodaeth a pha wybodaeth sydd yn y llythyr;
- yr argraff a gewch o'r ymgeisydd.

	LLYTHYR GETHIN	LLYTHYR LISA
Gosodiad y llythyr		
Gwybodaeth		
Eich argraff o'r ymgeisydd		

3 Pwy, yn eich barn chi, fyddai'n fwyaf addas ar gyfer y gwaith? Pam?

GEIRDA'R YSGOL A'R COLEG I GETHIN A LISA

Ysgol Uwchradd yr Aber,
Heol y Celyn,
Aberwastad
LL53 7GH

Mehefin 9fed

Y Rheolwr,
Pobl y Llyfrau,
Stâd Ddiwydiannol y Fro,
Aberwastad
LL53 7GH

Annwyl Mrs ap Tomos,

<u>Gethin Thomas</u>
Pleser gennyf yw ateb eich cais am fanylion am Gethin Thomas sy'n ymgeisio am swydd yn Pobl y Llyfrau.

Mae Gethin ar fin gorffen ei bumed flwyddyn yn yr ysgol hon. Disgwylir iddo ennill gradd TGAU uchel iawn yn Ymarfer Corff a graddau canolig yn Saesneg, Mathemateg, CDT, Daearyddiaeth a Gwyddoniaeth. Nid yw yn ddisgybl academaidd iawn ond mae ganddo gryfderau arbennig mewn meysydd eraill.

Mae'n fachgen anturus a gall sefyll ar ei draed ei hun a dod i benderfyniadau aeddfed. Mae wedi ennill gwobrau Dug Caeredin am fynydda ac am arwain grwpiau yn ddiogel ar y mynydd-dir. Mae'n athletwr gwych ac mae wedi chwarae i dimau pêl-droed a chriced yr ysgol.

Mae Gethin yn boblogaidd iawn gyda'i gyd-ddisgyblion ac athrawon. Wnaeth e ddim dechrau datblygu ei ddiddordeb mewn chwaraeon nes yr oedd ym mlwyddyn 9 ond buan iawn y dangosodd ei ddoniau yn y maes a dangos ei allu fel arweinydd naturiol. Mae'n fachgen dibynadwy iawn ac os yw'n gwneud rhywbeth fe wna ei orau glas.

Bachgen diymhongar a chall ydyw. Anaml iawn y bydd yn absennol ac mae bob tro yn brydlon, yn gweithio'n galed ac yn awyddus. Mae ei ymddygiad yn hynod o gwrtais a dengys barch ato ef ei hun ac at eraill.

Yn gywir,
J.E.Jones
Dirprwy Bennaeth

Coleg Technegol Aberwynt,
Stryd y Mynydd,
Aberwynt
LL53 7GH

Mehefin 10fed

Y Rheolwr,
Pobl y Llyfrau,
Stâd Ddiwydiannol y Fro,
Aberwastad
LL53 7GH

Annwyl Mrs ap Tomos,

Lisa Roberts
Wrth ymateb i'ch cais am wybodaeth am Lisa Roberts mae'n bleser gennyf eich hysbysu ei bod newydd gwblhau blwyddyn lwyddiannus yma yn y coleg. Mae'n paratoi ar gyfer diploma mewn Astudiaethau Busnes a disgwyliwn iddi gael canlyniadau da.

Pan ddaeth atom o Ysgol Uwchradd yr Aber dywedodd ei hathrawon ei bod yn ferch ddymunol, dawel ac eithriadol o gydwybodol. Nid yw yn berson hyderus ac mae'n rhy swil i gyfrannu'n llafar yn y dosbarth. Credwn, fodd bynnag, y byddai cael swydd dda yn rhoi cyfle iddi fagu a datblygu mewn hyder.

Mae'r darlithwyr oll yn ei chanmol gan ei bod wedi gweithio mor galed. Mae hefyd wedi bod yn aelod o grŵp bychan o fyfyrwyr fu'n trefnu disgos i godi arian at achosion da. Pan oedd yn gwneud hyn profodd ei bod yn gallu trefnu yn drylwyr a'i bod yn ddibynadwy iawn.

Dymunwn yn dda iddi.

Yn gywir,
Carwyn Lloyd
Dirprwy Bennaeth

ADOLYGIAD O FFILM

THE REVOLUTIONARY ROAD
Cyfarwyddwr: Sam Mendes
Cast: Leornado DiCaprio, Kate Winslet, Michael Shannon, Kathy Bates, Kathryn Hahn, Zoë Kazan, Dylan Baker, David Harbour, Richard Easton, Max Castella

Mae Kate a Leo yn ôl gyda'i gilydd unwaith eto ond y tro hwn ar dir sych. Problemau priodasol yw thema'r ffilm sy'n seiliedig ar nofel fodern Richard Yates (1961). Mae'r actores aflwyddiannus, April (Kate Winslet), yn casáu byw yn Connecticut ac mae ei gŵr, Frank (Leonardo DiCaprio), hefyd yn anfodlon ei fyd. Mae ei fywyd yn undonog, ei swyddfa yn drewi o fŵg sigaréts, ei gyd-weithwyr yn gwneud sbort ohono a'i ysgrifenyddes yn ceisio ei hudo. Awgryma April eu bod yn symud i fyw i Baris. Cytuna Frank ond dydy pethau ddim yn troi allan fel roedden nhw wedi meddwl.

Ffilm am fynd yn hen a marwolaeth breuddwydion yw hon; ffilm lle does dim moesau na maddeuant. Ffilm hefyd lle does dim atebion. Ydy Frank yn anhapus gyda'i fywyd ynteu jyst wedi diflasu? Ydy e'n casáu ei waith neu jyst yn anhapus am nad ydy e'n cael dyrchafiad? A phwy sydd, go iawn, eisiau dianc i Baris? A pham? Mae'r ddau brif gymeriad fel pe baen nhw'n cyfnewid rôl trwy gydol y ffilm.

Caiff Kate ddigon o gyfle i arddangos ei gallu fel actores, yn arbennig yn niweddglo'r ffilm ac mae dawn DiCaprio fel actor yn cael ei ddangos ar ei orau pan fo'n colli ei dymer fel gwallgofddyn. Yn wir, mae safon yr actio yn uchel drwyddi draw gyda chyd-weithwyr Frank yn portreadu sbrogiau yn yr olwyn yn wych a Kathryn Hahn – er nad yw ei chymeriad wedi ei ddatblygu'n ddigonol - yn cyflwyno ysgafnhad comig i brofiad ffilm dirdynnol.

Gwendid y ffilm oedd y ddeialog. Tueddai i gynnwys sgyrsiau undonog yn cael eu dilyn gan seibiau hir o dawelwch. Gwna hyn iddi lusgo. Byddai cerddoriaeth gefndirol drwyddi draw wedi cyfoethogi'r ffilm. Yn wir, roedd sgôr Thomas Newman yn y golygfeydd olaf yn wirioneddol ganmoladwy.

Disgybl Blwyddyn 11

Dyma'r cynllun a dderbyniodd y disgybl gan ei athro:

SUT I YSGRIFENNU ADOLYGIAD O FFILM

PWRPAS:
- helpu'r un sy'n darllen i benderfynu ydy e neu hi'n mynd i wylio, rhentu neu brynu'r ffilm;
- cyflwyno digon o wybodaeth fel y gall y darllenydd gael blas ar y ffilm;
- peidio datgelu gormod e.e. y diweddglo neu dro annisgwyl yn y plot.

SUT I FYND ATI:

1   Gwyliwch y ffilm gan ymlacio. Gwyliwch hi'r ail dro gan gymryd nodiadau.

2   Rhowch ffeithiau.

3   Rhowch eich barn. Soniwch am y pethau roeddech yn eu hoffi a'r pethau doeddech ddim yn eu hoffi, ond cofiwch eu hegluro er mwyn i'r darllenydd ddod i benderfyniad drosto ei hun.

4   Rhowch amlinelliad o'r cynnwys ond peidiwch â datgelu cyfrinachau. Mae awgrymu yn syniad da.

5   Actorion. Dywedwch pwy sy'n actio a rhowch eich barn ar eu perfformiad.

6   Gwaith camera a goleuo. Rhowch eich barn ar safon ac addasrwydd y siotiau a'r goleuo gan roi enghreifftiau.

7   Cerddoriaeth. Oedd gan y ffilm ei sgôr ei hun? Pwy oedd y cyfansoddwr? Rhowch eich barn.

8 Gallwch gloi trwy ddod i gasgliad.

TASG

1 Rydych wedi darllen adolygiad disgybl ysgol o'r ffilm *The Revolutionary Road*.

Wnaeth y disgybl ddilyn y cyfarwyddiadau yn fanwl? Darllenwch ei adolygiad eto a llenwch y grid hwn:

	ENGHREIFFTIAU	
Ffeithiau		
Barn		
Cynnwys		
Actorion		
Gwaith Camera a Goleuo		
Cerddoriaeth		
Dod i gasgliad		

2 Ysgrifennwch sylwadau i'w rhoi ar waelod gwaith y disgybl. Bydd yn rhaid i chi:

- ganmol nodweddion da;
- awgrymu sut y gall wella'r adolygiad.

ABER-FAN 1966

1966

Aber-fan

Go brin fod llawer o bobl y tu allan i Gymru, a hyd yn oed o fewn y wlad, wedi clywed am bentref Aber-fan, wrth odre Mynydd Merthyr, cyn y flwyddyn hon, ond ar 21 Hydref taflwyd y pentref di-nod hwn a'i drigolion i ganol sylw'r byd wrth iddynt gael eu taro gan un o drychinebau mwyaf dirdynnol hanes Cymru. Ymledodd ton o dristwch a braw trwy'r wlad a'r byd i gyd wrth i'r newyddion ledaenu fod 144 o bobl, gan gynnwys 116 o blant, wedi'u lladd yn Ysgol Gynradd Pant-glas pan foddwyd adeiladau'r ysgol gan filoedd o dunelli o wastraff glo gwlyb.

Yr oedd nifer o domenni gwastraff Aber-fan wedi'u codi ar ffynhonnau dŵr, gan gynnwys Tomen 7 a lithrodd ar 21 Hydref. Yr oedd cyfuniad o wastraff mân y ffynhonnau hyn a dŵr glaw yn creu cymysgfa drom, ludiog a hylifol iawn. Tua 9.15 y bore dechreuodd y domen lithro, gan redeg yn llif amhosibl ei hatal dros fythynnod a phraidd o ddefaid, i mewn i'r hen gamlas ac ymlaen. Claddwyd yr ysgol a hefyd deunaw o dai. Lladdwyd y dirprwy-brifathro Dai Beynon, a bu farw pob plentyn yn ei ddosbarth o dri deg pedwar. Cafwyd ei gorff marw ef yn dal i gofleidio cyrff pump ohonynt lle y bu'n ceisio eu diogelu rhag y llif. Lladdwyd y brifathrawes, Miss Jennings, yn ei stydi, ac yn yr ystafell nesaf bu farw'r athrawes Mrs. Bates a'i dosbarth o dri deg tri i gyd. Cafwyd y clerc Nansi Williams yn farw hefyd a'i chorff wedi amddiffyn pump o blant y bu hi'n casglu eu harian cinio. Tebyg oedd yr hanes mewn dosbarthiadau eraill - bu farw Mrs. Rees gyda phedwar ar bymtheg o'r ugain o blant yn ei gofal, a Mike Davies gyda phymtheg o'r tri deg pedwar a oedd gydag ef ar y pryd. Rhuthrodd cannoedd o ddynion i gloddio â rhofiau ac â'u dwylo i ryddhau'r rhai a gladdwyd. Ymhlith y cloddwyr yr oedd nifer o lowyr newydd ddod o byllau lleol wedi gadael gwaith gyda'u hwynebau'n dal yn ddu a'u lampau'n dal ar eu pennau gan gymaint eu brys. Erbyn 11 o'r gloch y bore yr oedd y plant byw olaf wedi eu tynnu o'r adfeilion.

Am 4 o'r gloch y prynhawn cyrhaeddodd Ysgrifennydd Gwladol Cymru, Cledwyn Hughes, ac erbyn yr hwyr yr oedd y Prif Weinidog, Harold Wilson, hefyd yno, arwydd glir fod pobl trwy wledydd Prydain i gyd yn dechrau sylweddoli maintioli'r drasiedi yn ne Cymru. Mewn llythyr yn y Western Mail drannoeth, rhoddodd Glyn Simon, Esgob Llandaf - esgobaeth a oedd yn cynnwys Aber-fan - lais i deimladau llawer o bobl pan fynnodd fod angen mynd ati'n ddi-oed i glirio'r hen domenni glo, a oedd yn 'llawn

perygl posibl ac angheuol'.

Ar 27 Hydref, cynhaliwyd angladd fawr ar gyfer 82 o'r rhai a fu farw, gan roi cyfle i fynegi'r galar cyhoeddus. Agorwyd Tribiwnlys i'r ddamwain ym Merthyr Tudful ar 29 Tachwedd o dan yr Arglwydd Ustus Edmund Davies, ac am 76 o ddiwrnodau gwrandawyd ar dystiolaeth llu o dystion. Yn Adroddiad y Tribiwnlys yn Awst 1967 rhoddwyd y bai am y drychineb ar y Bwrdd Glo Gwladol, a beiwyd naw o swyddogion yn neilltuol. Yr oedd teimlad eisoes yn y pentref mai'r Bwrdd Glo a oedd ar fai, ac yn y cwest cyntaf, deuddydd wedi'r drychineb, yr oedd un tad wedi mynnu mai 'Wedi'i gladdu'n fyw gan y Bwrdd Glo Gwladol' y dylid ei nodi fel achos marwolaeth ei blentyn.

Cwynodd y Tribiwnlys nad oedd gan beirianwyr mwyngloddio'r Bwrdd yr un clem am domenni ar wyneb y ddaear, er cystal eu gwybodaeth am bethau tan

ddaear. Yr oedd tomenni hyd at gant o droedfeddi o uchder wedi eu codi yn Aber-fan er ei bod yn bolisi gan y Bwrdd Glo i beidio â gadael i'r rhai uwchlaw cartrefi dyfu'n uwch nag ugain troedfedd. Yr oedd dynion anghymwys mewn swyddi anaddas, yr oedd arweinyddiaeth oddi uchod yn ddiffygiol, ac anwybyddwyd rhybuddion clir. Ar y cyfan, gwelai'r Tribiwnlys *a terrifying tale of bungling ineptitude*, a beirniadwyd yr Arglwydd Robens, Cadeirydd y Bwrdd Glo, yn arbennig am anghysondeb ei atebion.

Hanner cant o bunnoedd y teulu oedd cynnig cyntaf y Bwrdd Glo fel iawndal i'r rhai a gollodd eu plant, a thalwyd y swm hwnnw i'r teuluoedd adeg y Nadolig. Er i'r swm gael ei godi wedyn i bum can punt, ystyrid yr iawndal o hyd yn sarhaus o bitw gan sawl un, a chwynodd un rhiant fod y Bwrdd Glo yn ceisio setlo'r mater cyn rhated â phosibl.

TASG

- Daw hanes Aber-fan o *Llyfr y Ganrif*, cyfrol sy'n cofnodi digwyddiadau pwysig yr ugeinfed ganrif.
- Llyfr **FFEITHIOL** yw ac felly mae'n **DDIDUEDD** ac yn **WRTHRYCHOL**.
- Nid yw'r awdur yn mynegi barn nac yn dangos safbwynt.

1 Mae'r cofnod am Aber-fan yn GRONOLEGOL h.y. mae'n dilyn trefn amser. Ysgrifennwch y prif ffeithiau ar ffurf pwyntiau bwled o dan y dyddiadau a ganlyn. Nid oes angen i chi ysgrifennu brawddegau llawn.

Hydref 21ain, 1966

* 144 o bobl gan gynnwys 116 o blant yn cael eu lladd pan foddwyd Ysgol Pant-glas a 18 o dai yn Aber-fan gan dunelli o wastraff glo gwlyb;

*
*
*
*
*

Hydref 22ain, 1966

*

Hydref 27ain, 1966

*

Hydref 29ain, 1966

*

2 Pwy sy'n cael y bai am y drychineb?

_____

_____

_____

_____

3   Pam?

4   Pa eiriau sy'n cael eu defnyddio i ddangos trefn y digwyddiadau rhwng 9.15 a 4 o'r gloch?

*

*

*

5   Darllenwch y paragraff 'Lladdwyd y dirprwy-brifathro … wedi eu tynnu o'r adfeilion' unwaith eto. Mae'n baragraff eithriadol o drist. Sut mae'r awdur yn cyfleu'r tristwch? Cofiwch ddyfynnu.

6   Eglurwch yr EIRONI sydd yn y frawddeg 'Hanner cant o bunnoedd y teulu oedd cynnig cyntaf y Bwrdd Glo fel iawndal i'r rhai a gollodd eu plant, a thalwyd y swm hwnnw i'r teuluoedd adeg y Nadolig.'

7   Pam mae'r awdur wedi gosod y geiriau 'Hanner cant o bunnoedd' ar ddechrau'r frawddeg?

8 Pa mor effeithiol yw cynnwys y llun yn y cofnod hanesyddol am Aberfan? Eglurwch eich ateb trwy ddisgrifio'r hyn mae'r llun yn ei ddangos i chi. Soniwch am bethau fel:

- lliw;
- adeiladau;
- canolbwynt y llun;
- y dorf;
- unigolion;
- offer a gwisg (gan gofio ei bod yn fis Hydref gwlyb).

LLAETH YNTEU LLEFRITH. BETH GYMRWCH CHI?

Hafan | Gwreiddiau | Caws | Menyn | Gwerthwyr | Gwobrau | Llyfr Rysetiau | Newyddion | Cysylltau | Digwyddiadau | Cysylltu â Ni

Fel gyda holl gynnyrch llaeth Cadog, dim ond y llaeth gorau a gyflenwir gan ffermwyr llaeth Cymru sy'n ddigon da ar gyfer Llaeth Ffres Cadog. Llaeth cyflawn, llaeth hanner-sgim neu laeth sgim sydd ar gael i gwblhau'r baned berffaith!

Mae safon cynnyrch Cadog yn uchel ac mae ganddo flas gwych oherwydd ein bod yn cadw'r safonau uchaf yn ein hufenfa ym Mhen-y-Bont drwy gydol y broses gynhyrchu llaeth ac mae hynny'n dechrau gyda gofalu am ein gwartheg. Mae ein ffermwyr yng Nghymru yn fedrus iawn ac yn ymfalchïo mewn sicrhau y caiff eu buchesi eu cadw mewn amgylchedd cysurus gyda chyflenwad digonol o ddŵr ffres, deiet iach a chytbwys a digon o le i symud.

Daw'r holl laeth a ddefnyddir i wneud cynnyrch llaeth Cadog o ffermydd Cymru. Mae'r ffermydd hyn wedi eu hachredu i'r Cynllun Cenedlaethol Sicrwydd Ffermydd Llaeth (NDFAS) sy'n asesu safonau glendid ffermydd, diogelwch, amgylchedd, iechyd buches, offer llaeth a gweithdrefnau wrth gefn. Gallwch fod yn sicr y caiff y safonau uchaf eu hateb i sicrhau cynnyrch o'r radd flaenaf.

TAFLEN WYBODAETH gan Y CYNGOR CYNNYRCH LLAETH

LLAETH

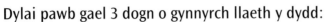

Dylai pawb gael 3 dogn o gynnyrch llaeth y dydd:

- gwydraid o laeth hanner sgim;
- pot o iogwrt;
- darn o gaws maint bocs matsys.

Hawdd!

Mae'r maeth sydd mewn llaeth yn anhygoel ac yn help i rwystro'r canlynol:

- clefyd y galon;
- canser;
- esgyrn gwan;
- clefyd siwgr;
- pwysau gwaed uchel.

Mewn un gwydraid 200ml o laeth hanner sgim gall pobl ifanc 11-18 oed gael y canrannau isod o'u hanghenion dyddiol.

	Merched 11-14 oed	Bechgyn 11-14 oed	Merched 15-18 oed	Bechgyn 15-18 oed
Fitamin B12 i gynhyrchu celloedd coch y gwaed	150	150	120	120
Calsiwm i sicrhau esgyrn a dannedd cryf. 90% o'n hesgyrn wedi eu ffurfio cyn bod yn 18 oed	24.7	30.9	24.7	30.9
Magnesiwm i gryfhau'r cyhyrau	8.1	8.1	7.5	7.5
Ffosfforws i ryddhau egni	25.1	31.2	25.1	31.2
Potasiwm i weithio'r system nerfol	10.4	10.4	9.2	9.2
Protein i dyfu ac i wella o salwch	17.1	17.5	13	16
Ribofflafin i gadw'r croen yn iach	41.7	45.5	38.5	45.5
Sinc ar gyfer y system imiwnedd	8.9	8.9	8.4	11.1

LLEFRITH MEWN YSGOLION

Cyn dechrau rhaid i mi gyfaddef fy mod yn un o'r bobl 'od' hynny. Rydw i'n *vegan*. Dydw i ddim yn bwyta unrhyw gynnyrch ddaw o anifail.

A'r hyn sy'n fy mhoeni ydy'r ymgyrch mewn ysgolion i orfodi plant i yfed llaeth. Ydy, mae am ddim! Ydy, mae'n sicrhau fod plant sy'n cael eu gyrru i'r ysgol heb frecwast yn cael rhywbeth i lenwi eu boliau. Ond ai dyma ddylen nhw ei gael? Beth os oes gan y plentyn alergedd i lefrith? Mae llawer yn dioddef o hynny heb sylweddoli.

Problem arall yw methu â threulio lactos, sef y siwgwr sydd mewn llaeth. Cyn i'r siwgr gael ei dreulio rhaid iddo gael ei dorri i lawr gan ensym o'r enw lactas. Mae babanod yn cynhyrchu lactas ond ar ôl cyrraedd tua 2 oed – adeg stopio sugno, maent yn rhoi'r gorau i'w gynhyrchu. A beth mae hyn yn ei ddweud wrthych chi? Unwaith mae plentyn yn dechrau bwyta dydy'r corff ddim wedi ei greu i yfed llaeth! Syml! Fyddech chi byth yn disgwyl i bobl fwyta cerrig na fyddech?! Dydy ein cyrff ddim yn gallu delio â nhw. Mae llaeth yn union yr un fath!

Mae anifeiliaid yn rhoi'r gorau i yfed llaeth eu mamau pan ddôn nhw i oed arbennig. Dim ond dyn – yr anifail mwyaf soffistigedig – sy'n parhau i yfed llaeth! Soffistigedig? Barbaraidd ddywedwn i! Y jôc ydy mai llaeth anifail arall mae e'n ei yfed!

Ar ben hynny mae'n yfed llaeth sydd yn ddigon maethlon i droi llo bach yn fuwch o fewn blwyddyn! Meddyliwch faint o galsiwm sydd ei angen i dyfu sgerbwd mor anferth mewn cyn lleied o amser! Cymharwch hynny â sgerbwd plentyn bach dwy oed! Druan ohono! Ydych chi am i'ch plant droi yn *Shreks* anferth?

Rydych chi wedi gweld digon o rybuddion sy'n dweud na ddylai babis dan flwydd oed yfed llaeth buwch mae'n siŵr. A pham? Am y rheswm syml fod llaeth buwch yn rhy gryf ac yn rhoi gormod o straen ar iau (afu) plant bach. A dyna'n union sy'n digwydd wrth eu gorfodi i yfed llaeth mewn ysgolion!

'Ond mae arnyn nhw angen calsiwm,' mi glywa i chi'n gweiddi! Cytuno. Yr hyn sy'n rhaid i chi gofio ydy fod digon o hwnnw ar gael mewn pethau eraill fel llysiau gwyrdd fel brocoli a bresych, mewn ffrwythau sych ac mewn cnau. Beth sydd o'i le mewn rhoi'r rheini am ddim i ddisgyblion? Bwyta digon o ffrwythau a llysiau ac ymarfer corfforol ydy'r ateb i gadw esgyrn yn iach ac i'w helpu i dyfu.

Pwy sydd yn od, felly? Fi ynteu'r rhai sy'n yfed llaeth? Os oes rhaid ei gael pam nad ewch chi i'r cae i sugno buwch? Llaeth cynnes, ffres yn syth o'r deth! Efallai y byddai'n syniad i'n hysgolion gadw gwartheg fel y gallai'r disgyblion fynd allan i'r awyr iach i gael eu diod amser egwyl!

Yn gywir,
J. Summers

TASG

1 Rydych wedi darllen 3 darn am laeth:

- Llaeth Cadog;
- taflen wybodaeth gan y Cyngor Cynnyrch Llaeth;
- llythyr i'r wasg.

Naill ai:

- dewiswch y 3 darn

neu

- dewiswch unrhyw 2 ddarn

a llenwi'r grid isod.

	LLAETH CADOG + engrheifftiau	**TAFLEN WYBODAETH** + enghreifftiau	**LLYTHYR I'R WASG** + enghreifftiau
Sut mae'n cyflwyno gwybodaeth? (brawddegau, pwyntiau bwled, grid, rhestru)			
Pa wybodaeth sy'n cael ei chyflwyno? (e.e. ffigurau, gwyddonol)			
Cwestiynau rhethregol			
Ebychnodau (!)			

Cyfarch y darllenwyr e.e. defnyddio'r rhagenw 'chi'			
Gwawd			
Lluniau (lluniau o beth, lliw)			
Y ddelwedd o laeth			
Y gynulleidfa e.e. pobl mewn oed, pobl ifanc, rhieni, pawb			
Agwedd yr awdur			
Pwrpas y darn e.e. hysbysebu, perswadio, cyflwyno gwybodaeth			

Yn awr cymharwch

naill ai:
•   y 3 darn

neu

•   2 ddarn

o dan y penawdau hyn:
•   pwrpas y darnau;
•   y technegau sy'n cael eu defnyddio i gyflawni'r pwrpas (iaith, diwyg);
•   agwedd yr awdur;
•   y technegau sy'n cael eu defnyddio i ddangos agwedd yr awdur (iaith, diwyg).

 TASG

1 Gan ddefnyddio'r darnau darllen, gwnewch restr o ddadleuon o blaid ac yn erbyn bwyta ac yfed cynnyrch llaeth.

O BLAID	YN ERBYN

2 Gwnewch restr o ddadleuon eraill o blaid ac yn erbyn bod yn llysieuwr neu yn fegan (*vegan):*

O BLAID BOD YN LLYSIEUWR / FEGAN	YN ERBYN BOD YN LLYSIEUWR / FEGAN

3 Yn eich grŵp trafodwch y gosodiad:
POBL OD YDY LLYSIEUWYR!

HWYL I'R TEULU AR Y Wii!

Y peth gorau am y Wii yw bod gemau sy'n addas ar gyfer PAWB!

Cyn dyfodiad DS a Wii roedd pobl wedi dechrau diflasu ar gemau fideo. Roedd digon o gemau i fechgyn ifanc oedd yn hoffi chwythu pethau i fyny ond doedd dim i apelio at Mam!

Ond pan ryddhawyd y Wii dechreuodd teuluoedd cyfan gasglu o amgylch y teledu i chwarae gemau. Rydym wedi gweld hyn ar ymgyrch hysbysebu Nintendo gyda theulu'r Redknapp yn mwynhau chwarae *Mario Kart Wii* a *Super Smash Bros. Brawl*.

Beth sydd ar gael at ddant pobl ifanc a'u rhieni (ac efallai neiniau a theidiau!)?

Yr Arddegwyr

Mae rhai yn ystyried y *Wii* fel peiriant ar gyfer plant iau ond mae hynny'n anghywir! Mae digon o gemau llawn sialens ar gyfer arddegwyr – gemau sy'n hollol anaddas ar gyfer plant iau.

Resident Evil 4

Hon yw'r orau ar gyfer bechgyn yn eu harddegau hŷn. Gallant fynd i'w hystafell, cau'r llenni a wynebu'r diafol yn y gêm arswyd hon. Roedd gemau cyntaf *Resident Evil* yn eich cael i ymdrin â *zombies* ond mae'r arswyd sy'n eich wynebu yn y bedwaredd gêm yn llawer gwaeth wrth i chi fynd i dref sydd wedi cael ei goresgyn gan fwtaniaid (*mutants*) a phobl sydd â'u meddyliau wedi eu rheoli.

Mae'n llawer cyflymach gêm na'r rhai blaenorol. Byddwch yn anelu remote y Wii i saethu'r gelyn ac i'w trywanu gyda chleddyf. Gêm yn llawn cynnwrf a chyffro.

Call of Duty: World at War

Gall pobl ifanc chwarae gemau a dysgu am hanes ar yr un pryd! Ond nid dyna'r gwir reswm dros fwynhau'r gêm hon! Gallwch chwarae'r gêm ar feysydd rhyfel Siapan a Rwsia ar eich pen eich hun ond y prif reswm dros ei phrynu yw y gallwch ei chwarae gyda'ch ffrindiau.

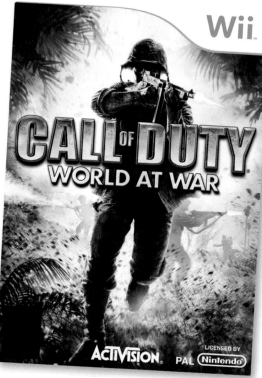

Gall wyth o bobl ei chwarae ar unwaith, a gallwch anelu at fod yr unigolyn gorau am ladd neu y tîm gorau am ladd!

Ond cymrwch ofal! Nid yw'n addas ar gyfer y gwangalon! Mae'n gyflym, yn greulon ac yn codi cyfog arnoch! Os gallwch ei stumogi, dyma un o'r gemau mwyaf cyffrous ar *Wii*!

Rhieni

Yn y gorffennol rhywbeth i gadw'r plant yn ddistaw tra bod eu rhieni yn gwylio'r teledu oedd gemau cyfrifiadurol. Bellach mae'n frwydr rhwng rhieni a phlant am reolaeth dros y gemau!

Dyma ddwy gêm y bydd oedolion yn eu mwynhau.

Wii Fit

Wedi gwneud adduned blwyddyn newydd i gadw'n heini a cholli pwysau? Gan ei bod hi'n rhy oer ac yn nosi'n rhy gynnar i fynd allan am *jog* beth am fynd ar *Wii Fit* i dorri i mewn yn raddol? Bydd mam wrth ei bodd gyda'r ymarferion yoga tra bydd Dad, efallai, yn dewis yr ymarferion aerobeg. Bydd yn defnyddio'r Bwrdd Cydbwysedd i ymestyn a gwneud byrfreichiau (*press ups*) i gael gwared o'r bol cwrw!

Big Brain Academy

Un o'r rhesymau dros boblogrwydd Nintendo DS yw gêm *Brain Training*. Mae'n dal ar ben y siartiau ac mae llawer o rieni wedi ei phrynu yn syml er mwyn cadw eu hymennydd yn effro!

Mae *Big Brain Academy* yn gêm ymennydd hwyliog a gall rhieni chwarae yn erbyn ei gilydd i weld pwy yw'r mwyaf clyfar!

Mae digonedd o gemau sy'n profi'r gallu i gofio tra bod eraill yn dibynnu ar y gallu i reoli *remote* y Wii i fyrstio balŵns neu i daro twrch daear, druan! Does dim profion mathemategol caled fel yn *Brain Training* ond mae hyn yn fwy o hwyl.

Gyda'ch Gilydd

Rydych wedi darllen am gemau sy'n addas ar gyfer aelodau'r teulu ond beth am y gemau y gall pawb eu chwarae?

Efallai mai *Mario Kart Wii* yw'r gorau i fwy nag un chwaraewr. Gall pedwar ei chwarae ac mae taro aelodau o'r teulu gyda chragen las yn grêt!

Gêm ffantastig arall i bedwar ydy *Super Smash Bros. Brawl*. Mae'n gêm ymladd, mae'n wir, ond gan fod y cymeriadau yn taro ei gilydd gyda symudiadau hurt does dim yn dreisgar ynddi. Yn wir, mae'n hwyliog iawn!

A'r gorau ar gyfer y teulu cyfan? *Guitar Hero: World Tour* lle gall pob unigolyn ddewis offeryn (drymiau, bas, gitâr a lleisiol) a chwarae clasuron roc. Yr anfantais? Mae cit cyflawn yn costio £150!

129

TASG

1   Ar ôl darllen 'Hwyl i'r Teulu ar y Wii' atebwch y cwestiynau a ganlyn:

i)   Beth yw mantais fwyaf y Wii?

ii)   Pa gêm yw'r orau ar gyfer pobl ifanc yn eu harddegau hŷn?

iii)   Beth sy'n digwydd ynddi?

iv)   Beth yw'r gwir reswm dros brynu *Call of Duty: World at War*?

v)   Pa gêm sy'n helpu rhieni i golli pwysau?

vi)   Sut?

vii)   Beth sy'n gwneud *Big Brain Academy* yn ddoniol?

2 Beth yw eich hoff gêm chi?

Ysgrifennwch baragraff yn rhoi gwybodaeth amdani:
- ei henw;
- beth sy'n digwydd ynddi;
- pa gymeriadau sydd ynddi.

Ysgrifennwch baragraff i egluro pam rydych yn ei hoffi e.e.
- Ydy hi'n gyffrous? Pam?
- Ydy hi'n gyflym?
- Ydych chi'n gallu ei chwarae gyda ffrindiau?

3 Dewiswch unrhyw gêm ac ysgrifennwch gyfarwyddiadau manwl ar sut i'w chwarae.

Cofiwch fod angen:
- dweud beth yw PWRPAS y gêm;
- defnyddio BERFAU GORCHMYNNOL e.e. trowch, anelwch, osgowch, peidiwch â;
- defnyddio geiriau fel dylech, rhaid i chi.

Gallwch ddefnyddio lluniau neu ddeiagramau a'u labelu.

LLYFRYDDIAETH

Cerddi'n Cerdded, Gwyneth Glyn, Gomer, 2008
Llyfr y Ganrif, Andy Misell, (gol. Tegwyn Jones a Gwyn Jenkins), Y Lolfa, 1999